赤龍的錢囊

謝田看中國經濟
THE DRAGON'S VAULT

by Dr. Frank Tian Xie
作者 謝田

看懂中國政經預爲綢繆

吳惠林
（中華經濟研究院研究員）

自1978年底進行「放權讓利」，以「摸著石頭過河」開小門的漸進方式，從事經改的中國，迄今35年經歷「中國經濟崛起」的風光，其國內生產毛額（GDP）也趕超日本，晉升爲世界第二。但在由「世界工廠」邁向「世界市場」的當兒，卻也響起「硬著陸」、「崩潰」的聲音，在「地方債」、「錢荒」、「鬼城」紛紛爆發的此際，更讓人驚覺中國經濟「金玉其外，敗絮其中」是否會赤裸裸呈現？

中國政經真相何處尋？

中國高達3兆7千億美元（2013年9月底）的天文數字外匯存底，卻又顯現其國內「人民幣淹鼻子」的泛濫游資充斥場景，股市、房地產泡沫和通貨膨脹正是具體的反映。同時，中國人透過各種方式以剝削、壓搾的低價產品換來的血汗錢，悄悄在全世界大買特買，在掏空神州大陸資源之後再伸向整個地球，人類是否

已瀕臨毀滅的地步？如何得知中國經濟的真相，是每個地球人保命的重要課題。

儘管晚近已有愈來愈多暴露中國經濟危機的報導、文章及書籍出現，卻仍缺乏見識過中共黨文化洗腦、從文革中走過來的中國人撰寫的著作，畢竟他們才是真正深入內涵、明白竅門的人，這本《赤龍的錢囊》正是這樣的一本不可多得的好書。

作者謝田畢業於中國北京大學，1980年代中期赴美留學，獲得美國喬治亞州立大學工商管理碩士和市場學博士，曾任教賓州費城爵碩大學（Drexel University）商學院、現任南卡羅萊納大學艾肯（University of South Carolina Aiken）商學院教授，中國經濟正是他研究的領域。近十年他應邀在《新紀元》雜誌撰寫中國政經評論文章，以獨特的說故事方式詮釋嚴肅複雜的事件，深入淺出引導讀者洞悉緣由。謝田將多年來發表的篇章經過重新整理，並以中共積累的龐大金錢為主角，剖析其來龍去脈。

人民幣淹鼻子的真相

首先，謝田將中國經濟的真相揭了開來，以七篇文章分由中共領導經濟的虛與實、經濟學對經濟的解釋及預測、中國經濟學家們的角色，中國經濟果實由誰收割，以及中國經濟面臨的危機

等面向詮釋。

第二部分，中國積累天文數字游資，表現在中國房地產的炒作及鬼城充斥上，這部分以八篇文章來說明，並舉印度孟買和美國的情況作為對比。

第三部分以八篇文章描述中國積累的金錢如何被五鬼搬運，就熱門的影子銀行和錢荒兩種現象予以解說。

第四部分就外匯存底這個被世人誤解的課題和貨幣戰爭，以七篇文章，分由3.5兆美元外匯存底是否是人民的血汗錢、應如何運用、購買美債的得與失等面向進行剖析。

最後一部分則討論中國經濟的崩潰，由世界經濟危機的現狀，法國大革命的歷史來對照，指出中共政權崩潰會從錢上開始、壓垮駱駝的稻草已出現，而且經濟崩潰還是一種解脫等等發人深省的篇章來詮釋。

由出身紅色中國跳脫至自由民主美國，對兩種體制的生活都實際體驗的謝田教授，來診斷中國經濟，的確非常有說服力，也讓人得以真確了解迷霧般的中國和中國經濟的真相，本書很值得地球人閱讀，或能從中獲得自救之道。

前言

　　中國大陸在過去半個多世紀中，經歷了天翻地覆的變化，政治經濟、人文道德，都發生了令人瞠目的改變。中共統治集團從全球五分之一人口中獲得和控制的財富之巨大，為人類歷史所罕見；而其獲取手段的隱晦和祕密，也前所未見、聞所未聞。

　　中國經濟的真實面目，因為中共的刻意掩蓋，變得撲朔迷離，迷住了世人。因此，披露中國經濟的真相，就變得非常的必要。

　　比如，中國政府的統計數字，人們經常會發現其非常「完美」，但又互相矛盾；政府統計數字究竟怎麼樣才算「完美」呢？中國經濟有許多荒謬現象，也有許多矛盾，這些都值得解釋。雖然經濟現象與每個人都關係密切，但經濟學的研究卻相當複雜，許多現象也是經濟學不能解釋和預見的。

　　再比如中國的外匯儲備，目前居世界之最，但人們可能沒想到的是，中共拼命囤積外匯，其實是臺灣「惹的禍」，是臺灣的經濟成就和當年高居世界前列的外匯存底刺激了中共，使中共開始效法，也讓中共特權階層從中發現了快速致富、轉移財富的方

法。還有，人民幣外升內貶，它究竟應該是升還是貶呢？中國的房地產更是世界級的笑話和醜聞，它不但造就了令人毛骨悚然的鬼城，房地產本身也成為政府和民間的「毒品」。中國房產到底該降價多少才算合理，值得人們去探討。

　　中國經濟已經進入危機，許多國際金融家也在做空中國；處於三叉口的中國政經，已經沒有許多出路。中國目前銀行出現錢荒，社會出現通脹。通脹一旦失控，中共是否會發行大面額的鈔票，可拭目以待。中共經濟崩潰的本身，也許是另外一種解脫的方案，而不管怎麼說，中國經濟的大幕，現在正在被拉開！

　　作為落入塵埃的赤龍，中共的錢囊是怎麼飽滿起來的，值得深究；中共政權的崩潰，也恰恰可能會從錢上開始。面對滾滾紅塵，善良的人們不免會問，世界經濟危機的終極根源，究竟何在？上述問題種種，願與世人分享探討，並期待您的反饋。

謝田 博士 / Dr. Frank Tian Xie
美國南卡羅萊納大學艾肯商學院
2013 年 10 月

通訊地址：
School of Business Administration
University of South Carolina Aiken
471 University Parkway
Aiken, South Carolina 29801
United States of America

目錄 Contents

第 **1** 部

中國經濟的驚人真相

中國經濟的規模，或國內生產毛額（Gross
Domestic Product，GDP）的數字，迷倒了
世人。野心勃勃的地方官員，把它作爲功
勞和業績的標誌；惱羞成怒的中央，面對
完美的造假無能爲力；伸長脖子的外資，
躍躍欲試卻也忐忑不安。中國經濟的眞實
面貌，究竟如何？

第一章
引導大象和領導經濟的人們

　　2008 年發生的經濟危機中，有人質疑美國聯準會（Fed）沒有起到作用，聯準會主席柏南克受到許多批評。跟前任主席葛林斯潘相比，柏南克光環少了許多，麻煩和指責卻增加了許多。也難怪，葛林斯潘當年連番降息，銀行、股市、房市都皆大歡喜，而柏南克離開普林斯頓大學的教職前往華府，才上任兩年，就趕上了這場幾乎史無前例的經濟災難。

　　有趣的是，柏南克從麻省理工學院拿到經濟博士時，畢業論文的題目是〈長期承諾、動態優化及商業週期〉。2008 年的危機是否是 1929 年以來最大的？人們還拭目以待，因為雖然美國經濟目前在緩慢甦醒之中，但再度泡沫的警告也不絕於耳。

　　從葛林斯潘的風光無限，到柏南克的灰頭土臉，知識界和社會人士都在考慮，我們是否把美國聯準會主席、聯準會本身、乃至美國政府在影響經濟方面的能力，估計得太高了？那些以前似乎卓有成效的升息、降息、購買公債和拋售公債，是否真的會對經濟活動產生那麼微妙的影響？如果利息槓桿、政府干預真的有

用，為什麼它們今天失靈了呢？

以前有個比喻，說的是一個頑皮、愛冒險的男孩和一群大象的故事。叢林中，巨大的象群慢慢的朝著既定的目標移動，一個小男孩突然發現，他可以在象陣的前面行走，好像是在引導象群前進一樣。走著走著，男孩越來越發現，他好像真是在「領導」著大象向前邁進。等象群穿過村莊，小男孩也在象群前面向路旁的人群招手，接受人們的喝采。慢慢的，男孩變得得意忘形起來，以為他是象群真正的領袖。

等到大象群忽然轉了方向，按牠們既定的路線走向其命運的歸屬，驚慌失措的男孩才發現，他其實只是一個人在走，身後什麼都沒有。大象轉向時沒有取得小男孩的許可，甚至沒有跟小男孩打個招呼。想像一下這頑童失望、失落的心情；那些政治人物在失去權力之後的失落感，應該與男孩差不多。

中共領導中國經濟的迷思

故事揭示的，是政客覺得其在「領導」國家、「領導」經濟的時候，其實他們自己也知道，權力是飄渺且捉摸不定的，權力的實施常常只是虛幻的假象，就像一群大象在移動時，男孩自得其樂的感覺是一樣的。這也許可以解釋為什麼那些集權者和獨裁者，會時刻需要弄權術、搞內鬥、斥異己，以確保手中的權力更加真實化。

許多中國人，包括許多在自由社會生活的人們，都有一個頑固的見解，就是「中共領導了經濟」，「中共把經濟搞上來了」。如果有人反問，說臺灣的執政黨「領導」了經濟、使臺灣在世界

上名列前茅，甚至創造出比中國大陸更好的成績，你會認為這是
「國民黨」或「民進黨」的功勞嗎？他們這時往往立時語塞、沒
法回答。

當然，越來越多的人們開始意識到，人們之所以有這樣的認
知，是因為當權者別有用心的宣傳所致。

複雜的叢林和困難的計畫

西方有個說法，說外面的世界就是叢林（Jungle）。說起一個
國家的經濟及其發展，其實真的跟一群動物差不多。你可以把它
比作羊群、牛群、甚至狼群、獅群，都差不了多少。羊群、牛群
不用引領，自然會走向牧草和水源，狼群、獅群不用引領，自然
會奔向羊群、牛群。

經濟不需要什麼人來「領導」，企業經營者自然有追求利潤、
追求營利、追求錢財的自然動力，也因此帶來工作機會、新的產
品及政府的收益。經濟研究發現，只要沒有戰爭和內鬥，任何社
會體系內的經濟，都會迅速的發展起來。經濟規律下的自然人不
需要領導，它自然會向前、向更多的錢的方向發展，從而帶動經
濟的發展、GDP 的增加。

由於經濟體系的複雜性，人幾乎沒有可能去真正的「計畫」、
「安排」所有的事情，更何況由什麼「國家計委」之類的官僚來
決定經濟的命脈了。

政府本身就是問題

有個朋友是專門研究、侍候草坪的，就是那種高爾夫球場果

嶺（Green）上的細草。粗看覺得這工作領域也太窄了吧，但考慮到美國有 16,000 座高爾夫球場、其中對民眾開放的就有 11,000 座，那這人的工作機會也就不是那麼的狹窄了。

美國勞工部有個標準職業分類系統（SOC），聯邦政府用以統計職業內工作者的數量。這個系統中有 820 種職業，分屬 23 個大類、96 個小類，以及 449 個範圍廣闊的職業種類。820 種職業中的每一個，都需要在其中工作的人有類似的職責、技能、教育水準和經驗。如果不是由市場來自發性的調節，而是由政府官僚來計畫這些職業、安排就業，仔細想想，就知道這是不可能的。

美國前總統雷根有句名言，他說：「政府不能解決任何問題，政府本身就是問題」。等中國人把這個精湛的觀點吃透了，中國經濟的問題就會好辦多了。至少，人們不會被那些「政府領導了經濟」之類的拙劣謊言給迷惑住了。

第二章
經濟學的能解釋和不能預見

德國傳媒業的一位朋友轉發過來一個問題，是她和另外一位資深媒體人討論時對方提出的。問世上這麼多經濟學家，現在能夠把目前的世界經濟危機解釋得「貌似合理」，但為什麼不能在危機爆發前預見，並提出解決之道呢？這位資深媒體人從業經驗豐富、德高望重，但非常謙遜，說他對經濟問題完全不懂，只想知道現在經濟學家說的是否真的正確。

商學院的經濟學系

美國商學院的教授辦公室，一般都是交錯混雜的，經常是市場學教授的辦公室與金融學的比鄰，會計學教授旁邊的房間是管理學或者經濟學的老師。院長、系主任也有意這樣做，以促進跨領域的交流合作。通常，在商學或管理學院裡，四大支柱學科會計、金融、市場和管理是一定會開設的學科。而其他學科的設置，則視各個學校自己的風格和需求。他們可能會在四個主要專業之外設置經濟學、管理資訊系統（MIS）、決策學（Decision Science）、

國際商務（IB）、商業法、創業、甚至房地產等學科。

經濟學系呢，通常不設在商學院裡，而是按傳統慣例設在文理學院中。純經濟學的學者會覺得四大支柱學科太專注於實用性和功利主義。而四大學科的學者常覺得經濟學遠離人間煙火、過於陽春白雪。遇有高深、難解的經濟問題，我們還是會去向隔壁的經濟學教授請教。他們接受媒體採訪、上鏡的機會也比我們要多。所以，當經濟學家對危機的解釋和預言受到非難，商學院多少是有些幸災樂禍的。

關於經濟學家的玩笑

回到媒體人關於經濟學的疑問，已故的勞倫斯・彼得（Laurence J. Peter）博士的評價非常滑稽、也很有特色。

勞倫斯・彼得以前是南加州大學的教育學教授。他在六十年代曾經非常有名，因為出了本書叫《彼得原理》（The Peter Principle）。《彼得原理》最著名的一段，描述人們在社會中向上爬時，不管是企業還是政府部門內，在金字塔型的組織結構中，人們最終一定會爬上一個他／她不能勝任的職位。因為人們都是從能勝任的低級職位做起，一步步往上爬，漸漸的，會爬到能勝任的最高位置。再往上爬，就是他／她不能勝任的了。而經過一定時間之後，組織中所有的位置，就都會被不能勝任該職位的人所占據。而真正的工作，是被那些還沒有爬到他們不能勝任的角色的人完成的。

西方關於經濟學家的玩笑特別多，許多玩笑讀來讓人不禁莞爾。有些經濟教授的辦公室門外，都貼著這樣的笑話。勞倫斯・

彼得如何評價經濟學家呢？他說，經濟學家是專家，他們明天一定知道為什麼昨天預言的事情今天沒有發生的原因。這話有些挖苦人，但恐怕也正是許多人、比如那位資深媒體人士所感覺到的那樣。另一則玩笑說，經濟學家是那些自己根本不知所云的人，但他會讓你覺得聽不懂是你自己的問題。

直接挖苦經濟學家的笑話也不少。有一則說，經濟學家都是身上帶槍、非常危險的，因為人們需要提防他那隻「看不見的手」。另一則說，學經濟學的好處之一，是你在排隊領失業救濟時，知道為什麼會在那裡排隊。諷刺經濟學家摸不著頭腦時人們會說，為什麼法國大革命影響了世界經濟的發展呢？回答是現在下定論還為時過早。還有一則說，神為什麼要造經濟學家呢？是因為要使天氣預報員看起來還算不錯。關於經濟預測的笑話，說經濟學家成功的預測了最近五次經濟衰退中的八次。

不能怪罪經濟學家

負責任的說呢，我們其實不能怪罪經濟學家。諾貝爾經濟學獎得主，應該說是人類研究經濟學中最聰明的頭腦了。現在在世的，怎麼說也應該有幾十位了；過去十年間，就有二十多人得獎。雖然有這些聰明的頭腦，為什麼好像沒人能預測到當今世界經濟危機的發生？更重要的是，為什麼沒能預防和阻止危機的發生？

這話該怎麼說呢？也許有些危機已經因為經濟政策的改變被「預防」和「阻止」了。但因為它們沒有發生，人們也無從知曉它們是否真有可能發生、是否會在沒有被阻止的情況下真的發生。畢竟，社會經濟現象，在正常社會，是沒辦法去操控、試驗的。

比方幾年前的一個星期五美國紐約股市的收盤，一家近八十年的老店惠普（HP）一日股價暴跌二成，公司市值半年內縮水一半。而從該企業運作的基本層面看，是不應該有這樣大的波動的。

經濟問題之所以最為複雜，是因為它涉及到錢、財等物質財富。這些最會引起人們激動、渴望、貪念、執著的「孔方兄」。研究經濟問題，涉及的變數太多，最好的經濟模式，最快的電腦模擬，也不能把大千世界所有人的物質追求、貪念慾望、嗔癡恩愛都「計算」在內。我們每個人都是活的，每個人都會被外來信息影響，每個人都會隨時隨地因為慾望的執著而做出不合理性、無法預見的舉動。而這些因素的綜合，都會涉及經濟的整體結果。

當然，經濟學家總是有辦法去解釋任何經濟現象的，因為基本經濟原理之外，他們永遠可以借用那隻「看不見的手」。至於「看不見的手」為什麼看不見？它究竟是什麼？是誰的手？是市場的手還是神明和天理的手？人們為什麼看不見？就眾說紛紜、不一而足了。

其實，預言天天有，關於經濟的預言也一樣，只是人們不知道，或不想知道而已。或者知道了，也未必相信，未必會採取行動。所以，我們才會看到危機發生的必然性，及其不可逆轉、不可阻止的特性。人們總是等到危機和災難發生後，才反過來抱怨沒人提前告訴他。

第三章

經濟學家的水準和所扮演的角色

許多年前，與喬治亞州立大學會計系的雅克布（Jacobs）教授曾經開展過一項合作研究，試圖從市場學和會計學的角度，探討企業的發展戰略。許多年過去了，當年討論的細節都記不得了，但至今記憶猶新的是我們閒聊時談到的，關於美國的私人農場和家庭務農的問題。

雅克布說，他們家族在賓夕法尼亞州有個家庭農場，是祖上傳下來的。我一聽來了興趣，早就想在美國當個地主或富農了，就問他，「你現在當老師教書，家族中有人經營農場嗎？」他很遺憾的說，沒人全職當農民經營農場，但兄弟姐妹們都不想賣掉它，時不時的回去看看，把這幾百畝地當作家族的傳統繼續下去。「誰知道呢，或許哪天我會辭掉教授的職務，回去專心種地，也未可知」，雅克布笑著說到。我說，「好呀，那我也去旁邊買塊地，咱們做農民鄰居。」

後來，直到雅克布教授離開喬治亞州立大學，我也一直沒找到機會去看他在賓州的農場。碰巧的是，2008 年夏天我去參觀喬

治亞州北部的一所大學，跟商學院院長交談後得知，這位曾經擔任美國國會議員、當過二十年教授的院長先生，家裡也有一個農牧場，種著各種糧食不說，還養了不少乳牛。

在美國社會，學術研究和務農、專家教授和農民之間，可以說幾乎沒有什麼鴻溝，而且人們之間的角色轉換，也是自然而然、稀鬆平常的。

經濟學家郎咸平先生曾說，中國經濟學家水準不如農民；以前還聽說另一位經濟學家丁學良先生發言批評，說中國真正的經濟學家不超過五個。海外學者之間也有類似的討論，但似乎相隔太遠，有些人還指望暑期回中國去講講學、當客座教授之類的，所以嗆聲的力度遠不如港臺的學者。

首先人們應該承認，中國農民的經濟水準絕對不低，農民是天生的經濟學家。文革之後，面臨崩潰的中國經濟，當中國經濟學家圍於計畫經濟的枷鎖、畏懼中共的淫威，提不出任何治國良策和妙方時，中國的農民就已經拋棄了共產黨的計畫經濟，開始實施了「包產到戶」¹這個當時「極端反共」，但最終卻挽救了中國經濟的偉大方案。

九十年代時，在一個「中國留美經濟學會」的年會裡，會員大多是七七、七八級的「老三屆」²。像我們八十年代應屆考上大學的，在這批優秀「老三屆」的眼裡，都是像孩子一樣。他們是從恢復高考後激烈的競爭中脫穎而出，其中的一部分又留學海外，成為中國留美經濟學會的骨幹，有些再回到中國，成了今天中國經濟學界的主要角色。

有這麼多學貫中西、理論結合實際的人才參與其中，說中國

大陸經濟學家水準不如農民，當然是戲謔之語。有這麼多教育、訓練、智力、能力都非常傑出的人才，人們有理由期望中國的經濟學家能夠有所作為。但是呢，水準和能力的具備，並不能保證中國的知識分子能起到在一個正常社會應當起到的作用。

中國社會亂象紛紜，值得研究的經濟現象很多，是產生新理論和有價值見解的沃土。比方說，中國百萬富翁增長最快，人數居亞洲之首。這些喜好奢侈旅遊、購買寶石、名牌服裝的四十萬人群，究竟是什麼背景的人？中國富人的標準是除了主要房產外，年收入至少一百萬美元。西方社會最富裕的人們，以企業家居多，然後是演藝、體育界人士，中國是哪些人呢？這個現象就值得研究。富人們財富聚集的過程、過程公正與否、聚集過程對中國社會經濟的影響，這些問題背後的真實圖象，都有助於人們去理解中國經濟面臨的困境，從而提供解決的方案。這方面的研究、數據、和深入的調查，似乎都付諸闕如。

部分有識之士已經指出，就股市而言，中國明顯的是利益集團在操縱市場，犧牲的都是散戶。但這些真知灼見沒有被廣大股民、投資者清楚的意識到。中國股市被稱為「五位一體」，很是精闢。「五位一體」是國家監管機關的證監會、上市公司、機構投資者、證交所和審計事務所、和所謂的「公共知識分子」這五個方面，其實都是一家子的人。上市公司的主體是官營企業，機構投資者也是官營的，在一黨領導下的證監會、證交所究竟為誰而存在，也是不言而喻。如果這個時候，「公共知識分子」沒有獨立的人格，沒有公正的觀點，中國的老百姓們怎麼會有任何希望呢。

所以說，人們需要警惕和關注的，不是中國經濟學家水準如不如農民，或者中國真正的經濟學家超不超過五個，而是這些中國經濟學家，或更廣義的說，中國大陸的知識分子，他們屁股下面的板凳擺在哪裡？他們的地位與角色是什麼？他們還有沒有「不為五斗米折腰」的氣節？有沒有不隨波逐流、曲意奉承的勇氣？

遺憾的是，許多當年意氣風發到西方留學、準備為中國貢獻所學的青年才俊，其中相當一部分已墮落為利益集團的代言人；其知識是為利益集團服務的，其良心也近乎泯滅。「水準不如農民」的嘲諷，其實是對中國經濟學家、知識分子集體失語、集體盲從的大聲疾呼、迎頭棒喝。

有人說，「世事無偶然，凡事皆必然；可歎世人迷，可悲眾人癡。」看來，明白人是有的，可惜就是不夠多。

註1：農民承包國家的土地，國家農民訂立合同，規定農民將相當數量的農產品上繳給國家後（即所謂的「包產到戶」），其他的餘糧則由農民自由處理，可在自由市場出售。

註2：老三屆，中國1966年、1967年、1968年這三屆高中、初中畢業生的統稱。1966年到1968年，中國正陷於文化大革命的混亂之中，大學停止招生（高考暫停）。在1968年至1969年的上山下鄉高潮中，這三屆高中、初中生，被安排下鄉，或集體到農林牧場，或分散插隊落戶農村。1977年恢復高考時，他們已經超過正常的高考年齡，但鑒於其被文革耽誤，所以直至1979年，仍被允許參加高考，被稱為「老三屆畢業生」。

第四章
新八旗子弟從商與西方的太子黨

最近一段時間，關於新「八旗子弟」，亦即中共高幹子弟，或稱太子黨的，他們的財富及其在商業領域的權勢的討論，又引起了人們的興趣。2006 年，我接受自由亞洲電臺的採訪，節目主持人也談到了在中國的太子黨、他們手中的財富、所控制的金融、外貿、國土開發、大型工程、證券等領域，以及這件事背後的社會意義。

這些新八旗子弟掌控的，為什麼是這五個領域，而不是農業、能源、社會保障、教育、和衛生，那些中國更亟需的領域呢？這其實一點也不奇怪，因為這五大領域是賺錢最容易、最迅速、變現最便捷、並且轉移、挪用賺來的錢最方便的領域。就像一百年前美國著名銀行搶劫犯威利‧薩坦（Willie Sutton）說過的，人們問他為什麼搶銀行，這個茫然但不乏坦率的江洋大盜回答說：「因為錢在那裡！」（Because that's where the money is.）薩坦甚至寫了本書，書名就叫《錢的所在》（Where the Money Was?）。

興論界認為，這個現象是鄧小平所說的「讓一部分人先富起

來」的一個充分注腳。這誠然是不錯的，但是呢，這未免太低估了竊國者的胃口。它不是「讓一部分人先富起來」，而是讓「一部分人更富起來」。

早在當年林彪事件之後，從隨後奉命「落井下石」的官方媒體上，我們已經知道了當時中共特權階層及其子女在「為人民服務」的幌子下、遠遠超出一般民眾想像、窮奢極慾的生活方式。那些「銀質打火機、彩色電視機、中央空調」在他們中間的使用，比中國老百姓第一次聽到這些名詞早了十幾、二十年。

平心而論，這些太子黨人士所掌握的重要權柄，對商業利益的控制，倒不全是他們自己的錯，因為他們本人是沒有選擇出生在什麼樣的家庭的權力的。如果要追究的話，那是制度的問題，是他們的父輩在運用自己的權力和影響，為自己的兒女謀得了超出一般人機會的特權。

無論如何，這些人已經在中國越來越多、非常重要的企業位置上，每天在做著重大決策了。從工商管理的角度，探討一下這些人從商的優勢、劣勢，長處和短處，以及對中國社會的影響，應該是很有意義的。

一個從中國大陸來美的留學生，畢業後在美國公司找到了一份工作，工資待遇都不錯。工作一段時間後，他抱怨說，美國沒有民主，因為公司裡一切都是老闆說了算。這位老兄把民主的概念用錯了地方，忘記了民主權力是政治上的，是人們的社會權力，而企業管理中是沒有民主、也不需要所有的人投票的。企業中必需實行總經理負責的制度，需要責任和權力的平衡。

說起來可能有人覺得難以置信，但在商言商，在今天中共治

下的中國，太子黨掌控、如此具有裙帶關係的任命，其實是有利於企業效率的。因為這些國有公司董事長、總經理是特權任命的，沒有人會質疑他們的權力，也沒有人可以挑戰他們的權力。如果這些人不是尸位素餐、而是願意有所作為的話，權力的穩定性有保障，董事長、總經理不必擔心明天會丟掉權位，會有助於企業的長遠規劃、長期發展。在美國和西方，企業管理中的一個弊端就是，因為人們急於得到立即的補償，股東們要立即的股市表現，這些壓力迫使管理層急功近利，追求短期效應，而往往忽略了公司的長期戰略發展。

太子黨從商的另一個「好處」，是他們之間基於血緣的、緊密的橫向聯繫，這可以使他們的各種公司在資源、市場、資金、人力上互相補充、互相通融。在日本和韓國，他們有各種公司集團，比方三菱集團旗下有重工、汽車、貿易、零售、和銀行業務，這使得日本和韓國公司比美國公司有更大的生存能力。太子黨交叉控制的中國公司，也可能會產生類似的合力效應，使中國公司在與歐美公司競爭時處於有利地位。

不言而喻的，裙帶關係帶來的短處和弊端也是無窮的。即使對這些高幹子弟管理者本人來說，也不盡然是好事。沒有人才的淘汰、優勝劣出，沒有競爭的機制，管理層的競爭力、管理能力與管理藝術就會有問題。在中國內部，這可能沒有太大關係，一旦企業走向國際市場，在自由競爭的環境下，這個弊端就會顯現出來。近年來，中國企業出擊國際市場屢屢失利，也許應該探討一下是否有高層管理人員勝任能力的問題。

對比中國和西方社會的「太子黨」，也是一個很有意思的話

題。有人會問，在西方社會，比如在美國，有沒有太子黨，那些高幹或富豪的子女是如何在商界馳騁的呢？

美國政治人物家屬的商業行為，是受到媒體高度監督的。賓夕法尼亞州前眾議員科特‧威爾頓，代表賓州第七選區，是眾院七朝元老、眾院國家安全委員會成員，也是賓州資格最老的眾議員，他還是美國民選官員中唯一在中國大陸的國防大學兩度演講的人。在國防、軍事、和中美關係問題上，威爾頓有舉足輕重的地位。威爾頓的女兒，以前經營一家國防諮詢公司，從俄國人手裡拿了些錢。結果呢，威爾頓涉嫌蔭護女兒的公司，在 2006 年的中期選舉中黯然失利。

在股份公司和私人企業裡，公司的高層管理人員由董事會決定，董事會由股東大會選舉產生，有足夠投票權的人們當然可以選擇家族中自己的子女。但一般來說，子承父蔭的從商在美國社會普遍不被人們看好，人們更著重任用經過系統培訓、有經驗的專業管理人員。

美國子承父業一個經典的例子就是福特公司的創始人福特家族的故事。1919 年，亨利‧福特把位子交給了兒子艾佐‧福特（Edsel Ford）。艾佐掌管公司期間，從 1958 年到 1960 年，福特生產了一種新型號的小汽車，就用「艾佐」（Edsel）的名字命名。結果呢，這個短命的汽車牌子成了美國汽車工業史上最著名的失敗例證。

第五章
捨得與捨不得讓人民富起來

2010 年，《紅太陽的隕落－－千秋功罪毛澤東》一書的作者辛子陵，所著「必須大規模讓利於民才能繼續保持執政黨地位」的〈讓利〉一文，提出了中共「捨不得讓老百姓富起來」的命題。這是個很好的命題，也是非常準確的社會觀察。在「為人民服務」和「讓少數人先富起來」的背景下，思考如何讓中國人民全面富裕，需要有超越虎口拔牙、或與虎謀皮的勇氣。人們或許會問，這為什麼就這麼難呢？如果它把財富就略微微的「捨」棄一些，分給人民一點，按今天中國人的善良本性和容易滿足的特性，他們一定會感激涕零、感恩戴德的。

〈讓利〉一文從經濟的角度看，非常難得。它揭露的中共陰暗面，即使是對中共有許多了解的人，也覺得駭人聽聞。雖然辛子陵稱他是為了救黨，幫助黨走出改革共識破裂、社會危機加深、執政合法性喪失的困局；但讀後人們不得不做出另外的結論，就是這個黨實在是誰也救不得、誰也救不了了。

政府和人民誰在崛起

辛文指出，中國經濟近年發展的結果，是政府崛起，但人民沒有崛起。人民非但沒有崛起，反而空前的下落。中國的發展如辛子陵所揭示，不是社會主義制度的優越，而是資本主義救了社會主義。辛的處方，擺脫經濟危機的根本出路，是讓農民富起來。

透過辛子陵的近距離觀察，我們知道中國刺激經濟的巨額投資，都進入了重複浪費的基本建設和過剩產能的培植。我們知道安徽阜陽修了飛機場，但沒有客流和飛機起落，白養一大批職工不能長久，只好關了這個賠錢貨；湖南長沙為利用中央撥款，居然拆除兩英里的機場跑道重建，這當然也算在湖南的 GDP 之內；內蒙古新建了鄂爾多斯城，但目前仍然是一座空城。

這個號稱「人民共和國」的國家，是世界上最奇怪的地方。一方面全國商品房空置率高達 60%，面積 2 億平方米，一方面蝸居難求的呼聲不絕於耳。辛子陵估計，2013 年中國將有 6,500 萬至 7,500 萬人失業，3 億人口要靠救濟生活。

辛子陵認為，中國需要出現美國總統羅斯福那樣的領導人，才能使國家走出危機。這當然是不夠的。即使空降一個羅斯福到中南海，他的「新政」也施展不開，我們必須同時空投一部憲法、一個三權分立的政府、一批自由的媒體、一個真正的法律體系，才能指望奇蹟發生。

權貴集團的四個階段

辛子陵最中肯的觀察，是中共從毛時代開始，就「捨不得讓

老百姓富起來」。「老百姓手裡有點錢了，政府就想辦法叫你交出來。」他勸中國政府未雨綢繆，留點後備，留點錢應對往後可能出現的大蕭條。

中國權貴集團的形成和發展，按辛的劃分，可分為四個時期：官倒時期從八十年代開始，權貴們利用「雙軌制」、賣出口批文、「空手套白狼」；大型工程包攬時期從九十年代中期開始，包攬大型工程，虛報成本，收取回扣，非法牟利。這裡我們聽到，國家和省級工程中，40~60％的工程款流進權貴的口袋。中國建高速公路每公里國家支付 1 億多元人民幣，實際僅需 7,000 萬人民幣，權貴們每公里攫取 3,200 萬元人民幣。1 萬 6000 公里的高速公路，承包的權貴就掠奪 5,120 億人民幣。國企改制時期從中共十五大開始，改制中的股權配置，是直接把國企轉入私人之手。而最後的買官賣官時期，是權貴集團惡性發展的頂峰。

辛子陵發現，清末賣官最大是候補道、屬地司一級，僅僅是社會身分，且無俸祿；巡撫一級的官是花多少銀子也買不到的。今天中國賣的官是實職，3,000 萬買市長、省長居然也做成了。「共產黨的天下，腐敗是沒有底線的。」

如何解決權貴集團

令人遺憾的是，辛子陵認為「權貴集團」是問題的根本，是黨國的掘墓人。所以，他提出的方略，是用經濟和法制手段解決權貴集團。但是，只清理權貴集團就夠了嗎？誰是權貴的後臺，並一直致力於維護這個犯罪的集團呢？

辛子陵的「救黨三策」，即還地於民、提高社會保障和國企

實名股份制，看來很難行得通。辛的談話發表後，左派人士反應激烈，拚命反擊。頑固的黨徒認為，辛雖然指出了中國社會的巨大危機，但病因診斷不對，藥方則是「劇毒」，辛應「自動退黨」。他們認為辛的文章是極右派向黨中央宣戰的戰書，是發動「顏色革命」的號角。

中共為什麼「捨不得讓百姓富起來」呢？外界知悉的中國群體事件，是每年7、8萬起。按辛的統計，現已達到每年12萬起！一個月1萬起，怪不得當局要輪訓縣委書記和公安局長。如果這幾千萬人「富裕起來」，能量就更不一般了。

為富不仁之果，是從豪奪而來，被巧取而去；從塵土中來，再到塵土中去。

第六章
李克強，披露真實的數據吧

　　中共總理李克強甫上台時，就將中國未來經濟增長率調低至7%。這是中共當局再度調低中國 GDP 增長的預期。看來，北京政權的信心底線正一步步瓦解，中國經濟的危局也一步步浮出水面。

　　眾所周知，李克強早就承認中共當局的 GDP 數據在造假。維基解密公佈美國駐北京大使館於 2007 年發往華府的電報，顯示時任遼寧省委書記的李克強在與美國大使共進晚餐時，就說中國的 GDP 數字是「人造」的，因此不可靠。而當時李克強在評估遼寧經濟時，側重於電力消耗、鐵路貨運和貸款發放的數據。李通過這三個數字，間接得到相對準確的經濟增長速度。但是，李克強的間接估計是多少，維基解密的檔案中，代號為 07BEIJING1760 的這份機密（Confidential）檔案沒有說明，外界也無從知道。

　　李克強的這個故事，十足的顯示出作為中共官員的極度悲哀。為什麼這番「心裏話」能跟美國人講，卻不能對中國人民講？為什麼可以對中共政權的「頭號敵人」交底，卻不能對自己的人民透露真相？是中共政權並不是真正的把美國當成敵人，而只是在宣

傳上忽悠中國人民、欺騙中國民眾「美帝國主義亡我之心不死」？還是因為中共政權其實是在與中國人民為敵，所以才在所有的事務上撒謊和欺騙「敵人」？

經濟數據真實性的重要

當代經濟學的研究，從經濟學之父亞當‧斯密（Adam Smith）開始，專門研究人類如何在「稀少」或「緊缺」的條件下做出選擇。不管是微觀經濟學還是宏觀經濟學的研究，實證經濟學都建立在對國家經濟狀況全面和準確的了解基礎之上。對國家領導人而言，宏觀經濟的決策在收入與生產、貨幣、物價、就業、國際貿易等問題上，都離不開準確的經濟活動的度量；而中國民眾和世界研究機構，都詬病中國經濟數據的不透明和不準確。在國民收入、政府收入、政府支出，以及貨幣發行、物價、就業等幾乎所有問題上，中國的數據不僅世界人民不相信，連中共官員自己也不相信。展現中國經濟運行的真實情況，是政府誠實度和公信力的問題，也是政府領導人道德和良知的問題。

當李克強試圖用電力消耗、鐵路貨運和貸款發放估算遼寧省的 GDP 增長時，如果有獨到的心得和可行的演算法，把它披露出來，也是對經濟學的貢獻。

哪些經濟真相值得公佈

如果李克強敢於披露、公佈中國經濟的真相，還有哪些真相數據值得公佈呢？

首先，李克強可以用遼寧的 GDP 估算法，估計中國 GDP 的

真實數據；中國消費者物價指數（CPI）的真實數據應該由獨立機構持續評估。此外，還有中國貨幣發行量、尤其是狹義貨幣（M1）的真實數據，及其造成目前通脹的現狀；中國國有銀行直接涉入的房地產貸款數據，按國際標準的房地產壞帳數據；中國政府官員的財產和收入數據；中共高官在國企中持股的數據；中共鎮壓法輪功的十幾年中通過政法委、610辦公室所花費的國庫數據；中國外匯儲備的組成和在國外銀行的開戶名稱、由何人操作；中共各級幹部的小金庫、外匯截留的數據；中共的黨產、黨費收入和共產黨的所有支出及不平衡的數字；涉及中國的民生與中國GDP總量的世界排名不相稱的根源性數字；中國吉尼係數（GINI coefficient）的真正數字；中國兩家主權基金的開戶、投資、支出、收益數據；中共下達指令、銷毀金融界內部全部密級檔的原委和動機；控制中國200個最重要行業的200個中共高官家族的數據，等等。

中共政權過去30年掌控、支配的錢財，主要來源於龐大國企系統的壟斷利潤、壟斷性的國有銀行的高額利潤、壓低農村人口和農民工的收入、大量出口創匯的截留、國際市場販賣軍火的利潤、大規模出讓國有建設用地的土地財政、製造房地產和股市泡沫從中漁利、和大肆印鈔利用通貨膨脹撈錢。中國發生的活體摘取人體器官賺錢的殘酷事實，也給專制政權提供了額外的資金來源。

花四分之一國庫是什麼概念

中共鎮壓法輪功從1999年開始，到2001年達到高峰。據中

共內部人士提供的訊息，這場鎮壓相當於一場中型戰爭的耗費，最高峰年度的花費高達當年四分之一的國庫！這個數字乍看起來讓人難以置信，怎麼可能呢？怎麼會那麼多呢？如果用四分之一的國庫來鎮壓一個民間團體，那其他支出怎麼覆蓋政府的運作？四分之一的國庫意味著什麼？錢是怎麼花的？政府怎麼撥款？款項用在哪些人和項目？都是人們關心的內容。畢竟，接連著打一場或幾場中型的戰爭，就連世界頭號強國美國，也負擔不起。

要看這筆錢花得合不合理，不妨看看美國如果花這麼大比例的錢，會意味著什麼。然後，可以看看中共是否有可能花這麼大一筆錢，而中國人民居然還不是對此非常清楚。

中國為什麼可能花這筆錢

《財經》雜誌刊登的〈公共安全帳單〉，披露了中國維穩的經費。中共 2012 預算中，「公共安全」預算是 7,000 億元人民幣，超過國防預算的 6,700 億。但這是中共在眾目睽睽之下，為盡可能掩蓋其防民甚於禦敵的尷尬現狀，而精心粉飾的數字。實際數字是多少？只要看看中國的幾百個勞改營，近千座監獄，無所不在的監視器，從軍人搖身一變所成的幾百萬武警，體系龐大的政法委系統，就不難想像錢花在了哪裡。

在正常國家不可能的事，在中國這個不正常的國家，是可以實現的。按中國學者的統計，2010 年中共當局財政收入 8.3 兆人民幣，社保收入 1.8 兆，土地出讓收入 2.9 兆，總收入不低於 13.8 兆人民幣。在 2011 年，中共當局出讓國有建設用地面積 33 萬公頃，出讓合同價款 3.15 兆人民幣。但滑稽的是，這樣一筆巨額資金，

其使用去向卻完全不為民眾所知。3.15 兆相對於 13.8 兆來說，也正好是大約四分之一。在正常國家，從預算中藏個幾百萬、幾十萬都很難，在中國，數以兆計的資金，卻可以來無蹤、去無影。

中共政府鎮壓的錢，顯然不能以公開的方式如發行公債集資，而是必須用製造隱性通脹的方式進行。鎮壓是偷偷摸摸、暗地進行的，它當然不會發行一個用於「鎮壓氣功」的國債。但是，資金從央行進入政法委的金庫，但通脹的負擔還是由人民分攤。也就是說，中共鎮壓自己人民的經濟成本，最終實際上轉嫁到了全體國民的頭上……

第七章
中國躲過了世界經濟危機嗎

論壇上常看到一種觀點，說中國成功的躲過了 2008 年的世界經濟危機。許多人也沾沾自喜，覺得還是咱中國人行，全世界都一塌糊塗，我們還一花獨放。2009~2010 年，持這種觀點的人特別多。到 2011 年以後，大多數人好像都慢慢醒過來了，察覺到中國並沒有逃脫這場危機，只是把它給人為的推遲了。因為，那些困擾西方的增長下滑、失業率上升、債務增加，現在不可避免的也開始在中國展現了出來。而且，推遲並不是好事，因為有個長痛和短痛、小病和沉痾的問題。

拯救世界的囈語

除了所謂中國避免了陷入世界經濟危機的自我安慰，歐債危機之際，還出現中國應當如何拯救歐洲、拯救世界的囈語。奢談中國拯救美國、歐洲時，這些人也不想一想，歐美民眾的生活水準是什麼樣的？中國自己那麼多低收入者，自己的人還沒人去拯救呢，罔顧其他？

　　中國媒體報導說美國生活在貧困線以下的人增加了多少，以為美國窮人的概念和中國是一樣的。等到有人發現，美國窮人很多有房有車，絕大部分有冰箱和空調；美國窮人發愁的甚至不是餓肚子、營養不良，而是營養過剩、肥胖過度，人們才會醒悟一點，知道外部世界不是中共宣傳的那樣。

　　美國的貧困人口，按聯邦政府 2011 年的標準，是四口之家年收入在 $22,350 美元以下。年收入 $22,350 是什麼概念呢？美國住房的中間價目前在 17 至 18 萬美元之間；其中東北部較高，是 20 多萬美元，中西部和南部較低，為 15 萬美元左右。也就是說，美國的貧困家庭用年收入八至十倍的錢，就可以買一棟中間價格的住房（中國稱為「別墅」），面積在 1,500 至 2,000 平方英尺（140 至 180 平方米）之間，空調、暖氣、上下水[1]俱全。中國的貧困人口是同樣的概念嗎？即使是中國的白領，多少人可以用十年的工資買同樣的住房呢？其他如汽車、家電、及食品的價格，即使不考慮收入因素，就價格的絕對值來說，美國也要比中國便宜得多。歐洲房子可能沒有美國大，收入也比美國低一些，但歐美民眾不會因為有毒食品、低劣的住房品質發愁；要整天擔心地溝油、房脆脆[2]的國民去拯救歐美，真不知這些人腦子是怎麼想的！

　　中國政府近年大量發鈔，催生通脹，地方財政收入也突然大幅增加。截止 2011 年上半年，與 1999 年相比，上海、北京、天津、重慶等直轄市的財政收入都增長了十倍甚至更多。上海從 432 億人民幣上升到 4,000 億人民幣，北京從 280 億人民幣增長到 3,300 億人民幣，天津從 113 億人民幣猛增到 1,400 億人民幣，重慶從 1999 年的不到 100 億人民幣上升到 1,400 億人民幣。地方財政的

增長，除了搜刮人民的步伐加快、房地產市場的暴利，還伴隨地方債的增加。中國的地方債正處於危機爆發的前夕，哪有資格去拯救別人呢？

2010 年十一快到時，當局再發「禁刀令」，北京禁售菜刀、水果刀。這類天方夜譚式的舉措在冷兵器時代的元朝曾經出現過，它居然在互聯網和精確制導導彈的年代又出現，讓人好氣又好笑。這政權實在是太容易預計，也太虛弱了。「和諧」社會脆弱到如此地步，還想拯救別人？想想都要臉紅。網上的格言說得好，「一個強盛國家，開放槍枝都顛覆不了；一個虛弱政體，買把菜刀都要實名。」

危機推遲好不好

有人會說，即便中國把危機給推遲了，能推遲比推遲不了總要好一些吧？還有，中國能推遲，西方難道不想推遲嗎？為什麼美歐不推遲呢？歐巴馬權力那麼大，他怎麼就不能推遲美國的經濟衰退呢？

歐巴馬的確是世界上權力最大的總統，他可以指揮美國聯邦政府財政部，但不能指揮美國央行美聯準會，也不能指揮國會。歐巴馬甚至不能有效的指揮自己的財政部長，第一任財長蓋特納經常與他意見相左。總統的經濟班子也困難重重，不斷換人。但這些對美國人來說，其實是件好事。因為如果歐巴馬也像中共那樣亂發鈔票、控制匯兌、囤聚外匯，美國經濟會更糟，美國民眾也不會答應。

從中國經濟的現狀看，大量發鈔推遲危機，決策者對這樣的

後果應該已經後悔了。這就像人們用西醫治病，把症狀給消除了，把病給推到以後去了，現在不發將來發。但病根兒並沒去掉，以後發作起來會更要命。

　　看社會的經濟形勢，最好的風向標，是權貴、富人、和上層社會。為什麼呢？因為他們有資源、資訊、管道，他們知道內幕和幕後消息，對形勢有最全面和清楚的了解。升斗小民和芸芸眾生，大多被蒙在鼓裡而不自知。有些人甚至不願接觸真相、不願了解真相，這才是最可憐的，那些顯貴們可是正在笑話你呢。

中國躲不開的危機

　　國際金融機構、經濟學者、財經評論家現在普遍認為，世界可能面臨第二波衰退，而且第二波比第一波會更加嚴重。在筆者看來，世界經濟可能根本就沒有走出第一波衰退，我們只不過在第一次衰退滑坡的峭壁上，稍微停頓了一下，略微回升了一點，但總的下滑趨勢並沒有扭轉，第一次衰退還沒有見底。這是因為，歐美在施行帶有共產主義色彩的經濟政策之際，造成的後果並沒有完全展示出來。政府大力舉債、濫施福利、壓低利率刺激經濟之際，造成的國家債務負擔沉重、個人信貸壓力增加等惡果，還沒有把後續的負面效應全部釋放出來。發達國家的政府和人民在寅吃卯糧幾十年之後，需要至少幾年、甚至十幾年的時間，才能消化提前消費累積的透支。在真正的財富最終慢慢積累下來之前，世界經濟的復甦，是根本無望的。

　　溫州民間企業主是中國經濟中最具活力、眼光最敏銳的商人，他們的辛苦和累計的資本，曾推動了許多產業的發展，也推動了

中國房地產的泡沫，他們也開始了民間信貸這個定時炸彈的先河。
敏感的溫州老闆現在意識到，中國經濟的寒冬剛剛開始，經濟的
惡性循環才剛剛起步。所以，捲款逃債、奔赴海外的，也是他們
這些人。

　　有些中國經濟學家認為，亂世降臨，中國的麻煩可能會持續
十年；還有人認為，再不擴大內需，今後十年中國就玩完了；中
共總理也發出「盛世危言」，說中國經濟的麻煩大了去了。中國
大陸目前出現的五大浪潮，包括精英移民潮、企業倒閉潮、老闆
跑路潮、政府信用崩潰潮、和標誌著民眾覺醒的三退潮[3]，都預示
著巨變即將到來。內幕人士說，2012 年以來，與朋友相聚，所有
人都在考慮或已經移民，所有人包括體制內的人，都感到一種深
刻的悲哀和「深入骨髓的不信任感」。這種群體性的、遍及所有
社會階層、團體的大規模不信任感，是舉世罕見的。

註 1：「給排水」的俗稱，指給水系統和排水系統的簡稱。

註 2：指房子構架不堅實，樓危易塌之意。

註 3：退出中國共產黨黨、團（共青團）、隊（少先隊）等相關組織，簡稱「三退」。
　　　鑒於中國大陸客觀情況，三退人員聲明在自願真實的原則上採取了化名的方
　　　式，往往並不公開，中共官方也難以知道。但是退黨網站上有內容備案與編
　　　號，以備查閱和見證。每一份聲明（個人或集體）都可以在網上查閱，統計
　　　人數中也包括了所有曾經加入過共產黨組織的團員與隊員（即使過了團員隊
　　　員年齡而脫團脫隊，也可以聲明退出）。截至 2013 年 9 月，已經有逾 1.5 億
　　　人完成三退，出現了退黨的熱潮。

第2部

中國的房地產和鬼城

中國的房地產,也是一個非常有趣而又恐怖的話題。過去二十年間,中國蓋了許多房子,蓋了太多的房子。但是,一邊是因為房價太貴、買不起房子的中國人民,另一邊卻是中國各地出現的鬼城——那些房子蓋好了、卻沒有人住的空城。實際上,中國的房地產已經成了一種毒品,一種讓政府官員和平民百姓都極度上癮、欲罷不能的毒品。

第一章

鬼城和錢荒之間有什麼關係

　　中國的錢荒還沒解決，鬼城又再度遍地開花。有人自然會問，錢荒之際，錢都跑到哪去了？鬼城和錢荒，都和錢財有關，那麼二者之間有什麼關係呢？這是個很好的問題。二者的關係梳理清楚了，鬼城和錢荒的根源，及其未來趨勢，也會變得明朗。

錢都跑到美國去了

　　有的中國人猜測，錢荒之所以發生，肯定是因為錢都跑到美國去了。人民幣到美國來，不太可能。如果滿是毛澤東頭像的人民幣紙鈔跑到美國來，美國人一定奮起抗議，不讓暴君和共產餘孽污染了美利堅的土地。如果跑進來的不是人民幣，而是美國自己的美元，那美國社會一定歡迎，就像美國政府在忙不迭的歡迎中共貪官的錢一樣。

　　中共貪官投錢到美國，應該說他們眼光不錯，知道美國跟中國相比，是更好的投資環境。貪官當然很壞，道德也很低下，但他們可真的不傻。有個網民的例子舉的好，他說中國的錢荒，跟

當年的「三年自然災害」可有一比。當時中國其實風調雨順，但百姓餓殍遍地。原因呢，是大量的糧食都被強行徵購、送到蘇聯去了。人民幣沒出國，但是貪官把它換成美元，送到美國來了，也會造成中國的錢荒，並且留下一堆貶值了的人民幣（因為通脹）。

中國鬼城遍地開花

內蒙耗資 50 億打造鄂爾多斯，成為中國最知名的鬼城。在大陸其他地方，鬼城也越來越多；從南到北，從內地到沿海，不斷蔓延。鬼城危機源於最近 20 年的城市發展過程，中共官員融入巨額資金，大拆大建，以此保持經濟所謂的繁榮。官員在大力開發房地產項目時，從中中飽私囊，致使新開發的樓宇越來越多，房價越來越貴，百姓越來越負擔不起；而地方政府資產負債表的槓桿率，也變得愈來愈高。樓價高昂，空置多年沒人住，是中國畸形經濟體制下的畸形社會現象，也是鬼城形成的原因。

有人問，美國底特律也有「鬼城」，難道和鄂爾多斯不是一回事嗎？

底特律的「鬼城」是另一類故事。底特律人口減少、工作流失，幾十年前就開始了。那些老舊的住房，和舊城區的鬼城，是幾十年間自然的、慢慢形成的，是人走了，樓空了，「鬼」才進去的。同樣的事情在世界其他地方也都出現過，它見證了一個城市的興衰，和美國汽車產業的變遷。在正常社會，不要說新建的「鬼城」不可能出現，多出現幾棟空空的「鬼屋」，其他地產商就會踟躕不前、偃旗息鼓。銀行在面臨房市過剩的危機時，也會收緊貸款，限制新房開工。

鄂爾多斯和中國其他鬼城，是人們根本還沒進去住，「鬼」就先進去了。亦即這些房產根本就沒有市場，也沒有入市的希望。鄂爾多斯鬼城現於中國報端後，奇怪的是，其他地方的新房開工不僅沒有減緩，還在加速，導致鬼城遍地開花。原因很簡單，中共地方政府、開發商、中共利益集團，會從鬼城的建設中漁利，有利可圖，才會樂此不疲。至於鬼城出現後、破滅的後果，那不是他們要考慮的事，「老子死後，那管它洪水滔天？」

誰是鬼城的受害者

一般百姓會覺得，鬼城跟他們沒關係，房子沒人住也不是他們的錢搭在裡面。但這些鬼城最後賣不掉時，這些房地產投資都會變成銀行呆帳。資金回籠不了時，會最終導致地方政府、融資機構，和國有銀行的破產。

這時，中央政府將不得不出手挽救，因為他們不會像山姆大叔那樣，會坐視底特律破產而不管。在中國，最後鬼城肯定是要全民來買單，中國百姓一定成為鬼城最大的受害者。

中國政府在挽救鄂爾多斯、營口、唐山、寧夏海原、京津新城、常州、貴陽、溫州、雲南呈貢、三亞這些鬼城時，面對呆帳，這些賣不掉的房產，他們會用各種各樣的方式來處理。他們會剝離壞的資產，或發行新的債券，或乾脆大印鈔票，加劇通脹，把危機轉嫁到全中國人民頭上。中國百姓不管你在不在鄂爾多斯，看不看得見這些鬼城，人們實際上最後都會為這些鬼城埋單。

鬼城和錢荒相輔相成

錢荒的出現和鬼城的濫觴，其實是互相促進、相輔相成的。中國「地王」頻頻出現，也與「錢荒」有許多關係。

　　鬼城和其他樓堂館所、鐵（路）公（路）機（場）接連推出，帶動了地方政府的 GDP 和官員政績，也耗費、占用了大量資金。荒唐的「地王」的出現，是因為國企在荒唐的「競標」國有土地。百姓在看的眼花撩亂的時候，賣地的錢就進入貪官的口袋了。這些項目的投資回報率一般都非常低甚至為零，而投資收回期又格外的長，這是導致國有商業銀行現金緊缺的首要原因。

　　在此之上，銀行官員又和影子銀行如信託公司、保險公司、租賃公司、甚至地下錢莊、當鋪等機構合謀，利用低價的政策貸款，轉手放高利貸，投入理財產品、金融衍生物，迅速以錢生錢、急速獲利。大量資金陷入這些領域，是國有商業銀行現金緊缺的另一原因。

　　當鬼城噩耗傳來，高鐵收不回貸款，新機場沒有航班起降，基建投資沒產生預想的現金流的時候，錢荒的出現，就不可避免。錢荒發生之後，銀行新批貸款，尤其是建設貸款，一定發生停滯，那些做了一半的項目，那些剛建成還沒有竣工的項目，就有極大的可能，變成又一個鄂爾多斯。

　　所以，是鬼城促進了中國錢荒的出現；而錢荒的出現，又會反過來促成新的、更多的鬼城的出現。

第二章
滑稽而荒唐的中國房地產稅

人生百年，什麼是避不掉的呢？東方人說生老病死，是凡常人都擺脫不了，除非走入正法門修煉；西方人想得簡單也實際，認為是納稅和死亡。美國開國元勳班傑明 · 佛蘭克林（Benjamin Franklin）就說，「在這個世界除了死亡和稅，沒什麼是確定無疑的。」

在正常國家，房地產稅或財產稅是一種「從價稅」（ad valorem tax），也就是按照擁有者財產的價值而課徵的稅。財產分三種，即土地（不動產）、土地改良物（即土地上的房產）、和個人資產（如汽車、珠寶）。已故的 1976 年諾貝爾經濟學獎得主米爾頓 · 弗利曼（Milton Friedman）也說，「財產稅是最不壞的稅種之一（one of the least bad taxes），因為它建立在不能生產出來的東西－－土地之上。」弗利曼認為，財產稅對發展經濟最好，其次是消費稅和所得稅。

從所得稅到房產稅

對美國人來說，所得稅、銷售稅、和房地產稅是最大的三項稅款。所得稅交給聯邦政府，用來支付國防、社保、和歐巴馬的薪水；銷售稅給州政府，用來支付教育、健保、和交通；房地產稅由房子所在地的郡政府收取，花在社區服務、公共安全、和公路修建之上。

經濟危機以來，有人去政府申訴，說房子價值降了，要調低房地產稅。孰不知，如果郡政府做了太多這樣的調整，整體稅收降低，稅率必然調高，最後大家還得乖乖的掏腰包。

各種各樣的稅中，銷售稅最不容易被察覺，買東西時商家多收你百分之幾的銷售稅，一般人都不會注意。

所得稅呢，低收入的人不用交，不但不交還能得到退稅；高收入的人也少交，因為有會計師幫著找稅法漏洞、逃稅；只有薪水階層必須老老實實、年復一年的交稅。

要說起來，還是房地產稅最公平，但也最煩人。因為它是按房子的市值定的，住豪宅的多交，住蝸居的少交，比較公平。說煩人是因為你即使把房子買下來、貸款還清了，自認為「住」上沒有負擔了，那也不行，你還得每年都交地價稅。

世界各國的房產稅

美國的房產稅，有些中國大陸新富起來的人不太了解，所以前些陣子有人要到美國來「撿便宜」。等他們發現在美國買了房還不能像在中國那樣就這麼守著，還必須交地產稅、管理費，還要請人割草，才打消了把半個美國都買下來的主意。

在加拿大，財產稅是按土地的使用和價值徵收的，許多省分

也趨向於以市場價來估算。這些年加元兌美元上升，有閒錢的加拿大人就到美國買度假的房子。牙買加的財產稅更有意思，是根據淨資產確定的，繳稅跟按揭'差不多，扣除負債之後，淨資產越多，交稅越多。

中共高官好像喜歡去澳洲買房，為共產黨垮臺後的逃亡預留後路。在澳洲，財產稅據說是根據地價定的，而不管你在地上蓋的房子價值多少。這也蠻有意思，雖然從理論上說人們可以買塊便宜的地，在上面建所豪宅，但如果鄰居都是便宜的房子，豪宅住得也不那麼舒服。反過來，在地價貴的地方買地，付得起錢的人會建大房子，結果呢，還是貴的區域豪宅多，合乎自然的規律。

幾年前去過智利，對安地斯山麓這個狹長的國家印象很好。智利財產稅比較特別，叫「領土稅」（territorial tax）或「貢獻稅」（contributions），那意思大概是國家承認你的領土主權，但也要你給國家做點貢獻。那裡的財產稅一年分四次交，依土地的使用狀況（農業、住房、和商業用地）決定稅率，跟土地面積、建築面積、甚至材料、建築年齡、以及離商業區的距離都有關。

許多中國人瞧不起印度，動輒以「阿幾」的名字稱呼印度人。其實這大可不必，印度的房地產稅制，就比中國先進、合理、也公平許多。印度的財產稅叫「房屋稅」（house tax），基於土地和建築計算。業主自住或不出租的房地產，按成本計算，空地和政府用地免稅。在農村，實行的是單一稅率；在城市，則是累進的徵稅。

英國的房地產稅收有過多次改變，以前的兩種方案被放棄。一種是按假定租金收稅，也就是說，如果房主不自住而是把房子

租出去，那可能收到的租金是多少，就按租金收所得稅；另一個方案是地方政府按地產的價值收稅，但這個方案在柴契爾夫人當政時用人頭稅（poll tax）給替代了，柴契爾夫人的人頭稅後來又被一種財產稅和人頭稅的混合所代替。

不管是什麼國家，也不管財產稅的徵收方式如何複雜多樣，但有一點是共同的，那就是所有的稅收都是建立在房地產私有的基礎上，亦即人們只要對自己擁有的土地和房地產交稅，如果你不擁有任何地產，你是不需要交稅的。

中國房產稅的荒謬

中共國務院不斷放出推進房產稅改革的風聲，上海也推出樓市調控的細則，其中都包含房產稅的條款。業界人士曾指出，上海房產稅會實行自行申報制，以房屋契約上的金額為準；隱瞞不報要罰錢。

在中國，「自行申報」如果能實行，也算一個奇蹟。但如果中國也像其他國家那樣，由政府估價，恐怕沒人同意，因為沒人相信中共的貪官會公正的評估房子的價錢。

即使徵收房地產稅，也不會解決中國房市的亂象，正常社會行之有效的任何舉措，用在中國都會變味、走樣，會失去公平的本意。因為中共特權階層在經濟上的壟斷，權貴和太子黨可以輕易的用銀行揮之即來的貸款，來交「房地產稅」；而本來就連首付款都難湊齊的人民，只會離「居者有其屋」漸行漸遠。

但中國最大的問題，還不是怎樣收房地產稅，而是中國根本就沒有理由去徵收什麼房地產稅。徵收房地產稅的前提，是納稅

人必須擁有這塊土地以及土地上的房產；擁有地產的人們，才有交稅的義務。

在中國，號稱「國有」的土地是共產黨權貴擁有的，人們買「房」時，只買了幾十年的使用權。也就是說，中國人最多有租借者的權力，而沒有擁有者的權力。在正常社會，租房者是不需繳納地產稅的，房主才必須繳稅。

中國人沒有享受到私有制的好處，卻要為私有制的負擔埋單，天底下哪有這樣不公平的事！？中共號稱人民公僕，卻敢向本來就不擁有土地的人民徵收地產稅，真是豈有此理！

中國民眾已經看出，中共的房地產調控措施攸關社會穩定，是個政治問題。所以有人說，中共打的不是樓價，而是政權保衛戰；因為房市一旦崩潰，維持中國經濟虛假繁榮的基礎破滅，中共本身也就不保。這一點，才是荒謬中國荒唐事件之外，不那麼荒謬的緣由。

註1：房地產抵押貸款的一種，由買房人支付首付款後將房產抵押給銀行，然後以每月還款的方式支付貸款。

第三章
雅卡山空洞和鄂爾多斯空城

美國西部內華達州賭城拉斯維加斯西北 80 英里，有個叫雅卡山（Yucca Mountain）的地方。山裡鑿有八公里長的隧洞，洞裡有 12 個壁龕一樣的空間，加上幾十公里長、縱橫交錯的隧道。這裡本來計畫作為儲存使用過的核燃料和核廢物，但令人沮喪的是，這個耗資百億、花了 25 年建造的巨大山洞，看來要關掉了。

而它的主人、美國聯邦政府現在才開始考慮，這玩意兒除了核用途，是否還可以派上什麼別的用場。是啊，一百億美元的寶貝，做個地下宮、防空洞、或避暑聖地，也許還不錯呢。

操心人類的能源

有年秋天，跟薩凡納國家實驗室的幾位核專家聊天，談未來的能源。大家都認為，安全乾淨的核能是人類最後、最好的出路。其實，從科技界的發現到佛家的經典，都有史前核反應爐的記錄，非洲加蓬共和國的那個鈾礦就是個大型的反應堆，這個佈局合理的核電廠在 20 億年前建成，運轉了數十萬年。

　　如果史前人類能有效的利用核能，今天開始掌握核技術的人類，或許也可以利用它，但前提是有存放用過的核廢料的地方。核廢料確實麻煩，誰都不願把它埋在自家後院，所以才有了內華達沙漠的雅卡山這一計畫。

　　現在，歐巴馬政府要停止這一計畫，自然是有人高興有人愁。沒有雅卡山，美國核廢料的存放該怎麼解決呢？跟他們建議說，在地下岩層深埋儲存，是五十年代的主意，現在如果雅卡山不行，把廢料藏在海底怎麼樣？比方說，用液體的玻璃把廢料封存起來，冷卻之後變成一塊塊巨大的玻璃磚，外面用鉛皮包上，然後沉到大洋深處地質上穩定的海溝裡，如何？

　　當然啦，海底如果有其他生命形式存在，它們也許該知會我們一下，換個地方；那些魚蝦呢，就對不起了，或許人們可以設計一個巨大的水下圍欄，想辦法不讓它們接近。最後跟專家說，這是外行的建議，但外行的思路跟你們不一樣，也許可以供你們參考。他們說這個主意很有意思，值得考慮，他們會跟有關人士討論討論。這是幾年前的事，不知他們現在考慮得怎麼樣了。

鄂爾多斯的詭異

　　雅卡山成為美國決策者和民眾關注的焦點，除了它與國家能源的未來有關，更是由於人們對這樣一個龐大的計畫說停就停，計畫中的目標遙遙無期，以及巨大的浪費，感到深深的遺憾和無奈。

　　一般的家庭或企業，恐怕是不會出現這樣的事情的：大筆投入，有始無終；欣然登場，又騎虎難下。一百億美元不算多，也

不算少，在目前的經濟狀況下，如果不是把錢投入這個黑洞，而是用在其他的用途，比方說研發電動汽車、促進環境改善、突破網路封鎖，就好了。

把持公器的人浪費公帑，世界上比比皆是，讓人感歎聖賢治世不再。如果說，美國雅卡山的空洞和巨大浪費還是民主社會支持和反對兩方意見持續角力的結果，中國內蒙鄂爾多斯的空城和浪費，就完全沒有理由、罪責根本不可饒恕了。

鄂爾多斯的康巴甚是一座豪華的新城，也是一座「鬼城」。它耗資人民幣 50 多億，面積 32 平方公里，花了 5 年時間建成，本來要成為鄂爾多斯對外炫耀的中心，如今卻成為中國房地產泡沫的見證。

鄂爾多斯的意思是「眾多的宮殿」，現在宮殿內外只有偶爾出現的孤獨行人和掃街的人，看起來就像幻覺之中、恐怖襲擊之後的倖存者。沒有人入住，有的只是沙子，這個鬼城連同中心的成吉思汗廣場、南端的景觀湖，最後恐怕只有被黃沙吞噬的命運。中國特色的高價建築往往很短命，平均壽命只有 30 年，不用沙漠吞噬，它自己都會很快消失。

鄂爾多斯新城詭異的現象，確實值得人們思考。鄂爾多斯在城市競爭力排名中，是全中國第一；人均 GDP 曾達到一萬美元，富裕超過北京和上海。鄂爾多斯老城區擠著 30 萬人，政府手中有了些錢，便開始建新城。

但新城建起來了，為什麼沒有人氣、沒有人住呢？其中的原因，就是高昂的房價和租金過高的商舖。並且儘管沒人，政府依然認為康巴甚的未來不可限量，十倍於目前規模的新區二期建設

已經開始。

鄂爾多斯，在中國是個富有戲劇性的名詞，並且蒙古沙漠裡的新城，這個概念就令人浮想聯翩。其實，同樣的供給過剩在中國到處都是，北京、上海，沿海、內地，一幢幢商業樓盤都空著，全國商品房面積 2 億平方米，空置率據說高達 60%。

樓房沒人睡的實現

鄂爾多斯的房子沒人住，但還要再建，在正常社會絕對是不可能的事情。也許中國社會真的不很正常，所以才會出現如此詭異的事。那這個社會的不正常在哪裡呢？房價漲到 3、4 萬人民幣／平方米，已經使房子與普通人民完全脫離了關係，即使按照家庭年收入 10 萬人民幣的水準計算，人們也買不起房。能買得起、願意買的，多是囤積居奇者，試圖以更高價格賣出的人。在中國買得起房的這檔事已經和許多年前的參軍、回城、提幹，或擠入精英階層一樣，完全是中共權貴階層的最新特權。

房子賣不掉也不降價，開發商也不破產，這意味著什麼呢？為什麼會這樣呢？不降價，一定是不願意降價，也不需要降價。投自己的錢進去，沒有回報還積壓在那裡，沒人會幹這樣的蠢事。

不需要降價，也不需要撤資，用的一定是別人的錢，並且是不需要特別擔心還債的別人的錢。什麼人不害怕賠錢，又不急著還錢，還拚命加碼繼續建造呢？一定是把持了社會公器、可以從中漁利、任意揮霍的那些人。

鞍山靈豬曾經說，今年我貴，明年米貴，後年樓房沒人睡。[1] 有人懷疑是否真的是豬在說話。其實是豬「說」的，或者什麼人

說的，都無關緊要，關鍵是傳遞的內容已經驚人的實現了。

　　豬年豬肉昂貴，鼠年大米昂貴，都早已兌現；牛年樓房沒人睡，也得到了驗證。人們更需要思考的，是如果預言真會兌現，那我們應該怎樣看待其他的預言，尤其是那些警世的、勸善的、和呼喚的忠告。

註1：網傳2007年遼寧鞍山郊區一農戶家，當養的一口豬準備宰殺時，驚人的事情發生了，豬突然開口說話：「今年我貴，明年米貴，後年房屋無人睡。」

第四章

孟買市的難題和美國的拆遷

有次跟多年的朋友、一位印度裔教授約了一起吃午餐，她是我們當年博士班的同學，來自印度孟買，目前在亞特蘭大附近一所大學任教。跟她約聚會的餐館時，問她有什麼喜好，她說喜歡一家泰國餐館，她經常去，我沒有去過，我們就訂了中午在那裡碰面。

印度的房地產使用權

向來有遊歷印度的念頭，但一直沒有機會。朋友暑期回印度度假，就問她回印度休閒、度假的觀感。她說根本沒好好休息，日子過得很累，因為她母親有間瀕臨阿拉伯海的房子，在產權和使用權上與孟買市府有爭議，又涉及拆遷、裝修、監工，害得她整個暑假都沒過好，回美國之後才鬆了口氣。聽她說印度也有房地產使用權這一說，還有與政府有關的拆遷，忽然來了興趣，就讓她仔細介紹了一番。

房地產在印度跟在其他正常國家一樣，民間可以自由擁有，

並且法律保障私人產權不受侵犯。朋友已故的父親，原來是孟買市政府的高級雇員，當年孟買市府在公共土地上建了這棟俯瞰阿拉伯海、又緊鄰繁華區的公寓，低價盤給了市府雇員。雇員們用20年的貸款，買下了60年的使用權。這倒蠻有意思，看來中國搞的那個70年使用權，竟然有印度的版本。不過印度人使用在先，也許是中國學了印度的這一招。

時間之神會讓許多事情被忘卻，也會讓許多忘不了的事變得複雜。朋友父親後來去世，母親住在這間海景公寓裡。到今天，孟買市府的60年使用權過去了40年，但房子因年久失修，已經不能繼續住人了。因為地段好、面臨大海，這間幾乎不能住人的公寓居然值60萬美元。但目前的問題是，翻修不能一家一戶進行，整體翻修有人又拿不出錢，這該這麼辦呢？

一個房地產公司出面了，說可以把整棟樓推倒重建，蓋完後舊房主每家免費得一套新的，面積保證不比原來的小。但開發商怎麼賺錢呢？他們的計畫是蓋更高的樓，安頓老房主後，新增的那些套房子，就可以在市場上出售。因為地段好，銷售應該沒問題。但樓房推倒重建，原來市府60年的使用權該怎麼算？這是讓人頭痛的問題。市府說對不起，你們只剩20年了；但房主不幹，說我們的貸款已經付完了，要市府把產權轉給他們。市府還沒答應呢，又有人不幹了，說憑什麼你們作為市府雇員就可以近水樓臺先得月、拿到那麼好的房產？

就因為這事，這位朋友、一個美國教授也捲進去了，一個夏天交涉下來，孟買的這個難題現在還是無解。我跟她說放寬心，任其自然，一切都會好的，讓她好好把美味的午餐吃完。

美國的銀行也搞拆遷

孟買的 60 年使用權，40 年後惹下這麼一個麻煩。問華人朋友們怎麼看中國政府的 70 年使用權，他們說想都沒想，也沒心思去想。人無遠慮，必有近憂；可能現代人過的太渾渾噩噩，無暇顧及其它了。

其實，政府內的人就是看不開，非要抓著權力和利益不放。處理房地產問題最簡單直接的辦法，就是產權的私有。美國一些銀行最近的一些舉措，是私有產權制度下政府盡量少管的一個好的例證。美國那些握有房地產抵押貸款的銀行近來多了一個選擇，他們也搞起拆遷了。當然，他們扒拆的房子，沒有人住在裡面。

美國目前有 170 萬間房子被銀行收回，銀行握有大量的這類房產，但更多的回收房還在不斷的進來。房地產經濟學家擔心，銀行手中這些房子源源不斷進入市場，房地產的復甦就遙遙無期。那怎麼辦呢？如果銀行手中這些房子根本就不流入市場，那豈不是最好？

怎麼辦呢？現在美國許多銀行根本不找房地產經紀去賣房，他們直接找拆房公司，把部分最沒價值的回收房乾脆就拆掉了。據 CNN 記者甘德爾（Stephen Gandel）的報導，美國銀行（Bank of America）在俄亥俄州的克里夫蘭就拆了一百間收回的房子，因為其中許多都不值一萬美元。美國銀行在底特律捐出 100 棟房子，在芝加哥捐了 150 棟。許多其他銀行也如此這般，房利美（Fannie Mae）等銀行乾脆以每棟幾百塊美金的價錢，把成千上萬棟房子賣給了當地的市、郡政府。

銀行這樣做的好處，是房子一旦捐給或賣給市府，他們就不用擔心房地產稅，也不用管維修，甚至可以抵稅。許多房子與其修繕後賣出，還不如拆掉合算。當地政府也高興，因為可以拿到免費的地段，可以搞新的開發，或建成空地和綠地。房地產經濟學家也覺得很好，因為這樣可以避免攪亂市場。

　　如果仔細想想房地產又回到當地政府手中的整個過程人們就會意識到，風水輪流轉，冥冥之中有定數。當年，政府的社會福利項目利用公共財富，把房子廉價賣給信用欠缺的人；房貸市場崩潰後，這些人的房子被銀行收回；銀行撐不了太久，現在又不得不把它們廉價賣給政府。一圈轉完之後，我們又回到了原點。這一切意味著什麼呢？還是正法理所說的那樣，身外之物該是你的，怎麼也丟不掉；不該是你的，得到了最終也會失去。

第五章

中國的錢如何扶持美國的房市

幾年前美國房地產市場最低迷的時候，筆者在南方的亞特蘭大近郊看了一些待售的房子。房市的低迷和房價的跌宕起伏，令人非常的驚訝。一棟幾乎被銀行收回的房子在回收前預售，不久前這房子在市場上的標價還是 75 萬美元，臨近法拍收回，銀行只要價 54 萬美元。但經紀人透露說，這房子的第一和第二順位抵押貸款的總和，居然是 86 萬。也就是說，銀行即使按樂觀的、但幾乎不可能的市價賣出，也要虧 10 萬；而現在因為不得不在法拍前預售，竟然要損失 30 萬美元！不過經紀人說，銀行可能不會放過這位借款人，雖然現在避免了法拍，但還會繼續追究下去。

中國錢扶持了美國房市？

正當美國從政府到民間對房地產市場的問題憂心忡忡的時候，房市的低迷引起了人們對中國持有的美國金融資產的關注。這些年來，好像每當美國出現什麼麻煩，人們都會發現背後中共的影子。港區全國政協委員劉夢熊撰文，認為中國外匯儲備中的一部

分投資在美國的「房利美」和「房地美」（Freddie Mac），其失誤應追究法律責任。也因此，有人認為是中國的錢「扶持了美國的房市」，中國當上了「冤大頭」。真的是這樣嗎？這倒是很有趣的一個觀察。

說中國的錢扶持了美國的房市，這話有些絕對。但是呢，可能還真有一部分中國的錢扶持了美國房市，但不是央行的那部分外匯存底，而是中共貪官在美國購買的私人財產、豪宅。比方說，費城中國城旁邊有個賓州會展中心。最近會展中心要擴建，它居然吸引了 150 名中國的百萬富翁參與投資，但因為移民的傾向問題遭到拒絕。

中國人和美國人買房

《北京晨報》曾經有篇文章，探討中國人為什麼那麼熱衷於買房。說「衣食住行」之中，住只排在第三位；但在中國，它肯定排第一位，因為那麼多的人即使勒緊了褲腰帶、成為不情願的房奴，也要在日漸高漲的房地產市場佔有一席之地。

在美國大約有三分之二的人，也就是兩億人，擁有自己的住房，其他三分之一的人租房居住。美國住房的平均價錢是 25 萬美元，也就是說，人們花上個人稅前平均年薪的七、八倍、或者家庭稅前平均年薪的四、五倍的錢，就可以買一棟平均線上下的私人住房。中國人的儲蓄率實在太高，人們也太能省錢。如果中國人也花上年薪的四、五倍到七、八倍就能買一棟 2,000 平方尺、四臥三浴、帶中央空調和暖氣、上下水（給排水）俱全的住房，中國的住房擁有率恐怕會接近百分之百。中國人的安全觀念裡，

「租」沒有「買」安全；買得再貴也安全一生，也值得。

　　但許多人都沒有意識到，在中國，目前的「買房」並不是真正的「買」，只是買 70 年的使用權。所以中國房地產市場從根本上說，不存在什麼「買」和「賣」，因為根本沒有真正意義上的產權交換，只有租借雙方的交易。所以充其量，它只是一個巨大的租賃市場。許多人似乎在地產熱的喧囂中已被沖昏了頭腦，也根本不去管是否是真正的「買」房。

　　那天問一中國問題專家，70 年使用權慢慢到期，中國政府會如何處理？他說不知道，說這個問題也沒人去想，人們也不願意去想。得過且過、過一天算一天，似乎成了大多數現代人的主要策略。

中國三證和美國無證

　　因為產權沒有解決，中國房地產還有一個「特色」：三證。中國的三證和美國的無證，顯示出人類社會的兩極在民生問題上最根本的分野。房產三證是指《房屋所有權證》、《房屋契證》和《國有土地使用證》。還有一說是「產權證」、「土地證」、和「居留證」。

　　據說，房地產公司應該具有三證才能進行房地產買賣，這三證是「土地使用權證書」、「建設工程規劃許可證」、「商品房預售許可證明」。商品房買賣需要兩證：房產證和土地證；而房改房[1]也要辦三證：房產證，土地證，個人住房檔案。

　　難怪中國人民在房地產問題上挫折感很多，也很無奈。看看中國房地產的許多名詞，就足夠讓人頭痛了。什麼「聯合開發房」，

「集資合建房」,「集資聯建房」,「非法開發房」,「限制權利房」,「郊區廉價房」等,讓人眼花撩亂。其實把產權全部、徹底的讓給人民,允許人民真正自由的擁有、買賣、轉讓土地和房產,問題就不那麼難解決了。

這麼多證,是挺讓人煩的。學學美國房地產的無證,會給中國地產市場提供他山之石。美國房地產根本就沒有「證」這一說。人們要買一塊地、一棟房子(房子是地的一部分),只要拿著買賣合同和貸款合同,去郡政府登記備案,就行了。一旦備案,你就是該地產的合法擁有者,需要繳納地產稅。除此之外,你的私有產權神聖不可侵犯,你以後愛幹什麼幹什麼,買賣、贈與、遺產,悉聽尊便。

註1:是指中國政府的房屋改革計劃(房改)下的住房,主要是給低收入的人們提供的。

第六章
中國和美國的城市化之對比

中共一位高官據說在遊歷美國後，感到非常失望，臨走前大發感慨，說美國算什麼現代化國家？整個就是一個大農場、大花園而已，根本沒有中國那些外表亮麗的高樓大廈來得氣派。這官員其實說的不算太錯，從他的角度看問題，可能是這樣。

問一般美國人，他們不會把都市的繁華喧囂，作為美國最值得自豪的地方。看美國各州、各城市介紹自己的旅遊影片，刻意著墨的，不是高樓大廈。美國的城裡人只要有能力，都會在遠郊購買度假、退休的房產。中共官員和許多民眾不知道，美國人對城市沒有崇拜和期待的心理，人們如果願意，拔腳就可以成為城裡人。所有正常的社會，都沒有「戶籍」的概念。

中國經濟陷入停滯，許多人在思考新的增長引擎，城鎮化被認為是一個動力，可以擴大內需。但中國的城鎮化，究竟是如何進行的，它能擴大內需、成為經濟增長的持久動力嗎？

城市化（urbanization）也稱城鎮化、都市化，是指人口和產業在城市聚集、鄉村轉變為城市（鎮）的過程。對當今社會來說，

這是工業化、現代化發展的必然結果。社會生產力發展，農村人口流向城鎮，城鎮數量增加，就是城市化的過程。

中共建政前 30 年，中國的城市化非常緩慢。同期世界城市人口比重由 28% 上升到 41%，開發中國家由 16% 上升到 30%，中國僅由 11% 上升到 19%。原因在於，中共刻意阻擋城市化的自然進程，他們把農民拴在土地之上，以維持其高壓統治，並製造了城鄉的巨大差別。中共甚至逆天而行搞「反城市化」——如文革中的「知識青年上山下鄉」。城鄉差別導致中國的「二元社會」，城鄉隔離、相互封閉，阻止了農村人口向城市的流動。

1978 年以後，城鄉壁壘鬆動，因為中國人的創業精神在被壓抑了幾十年之後，終於迸發了出來。鄉鎮企業的發展，使小城鎮迅速擴張，農村人口也就地「城市化」。中國城市化的發軔，實際上是中國農民解放自己，通過鄉鎮企業的路，自己衝過來的。中國農民用行動說，你不讓進城？我就自己創造新的城鎮！

因為中國農民的創舉和反擊中共的草根性行動，中國的城市規劃，不得不採取「控制大城市規模，合理發展中等城市，積極發展小城市」的方針。80 年代初，中國開始實行市（地級市）管縣制度，地級市數量迅速增加。80 年代中「撤社建鄉」，建制鎮數量大增，縣級市也迅速增加。

雖然官方報告說 2011 年的城鎮化率是 51.27%。但中國的城市化跟世界各國相比，其實是「偽城市化」。城市化的質量不高，上億農民雖然進了城，卻沒有成為城市市民，處於「半城市化」的狀態，不能享受城市居民的教育、醫療、衛生、社會保障和住房保障。

　　再者，中國城市化佈局混亂、擴張盲目，不顧資源和環境的承載能力。中國600多座城市有400多缺水，其中100座嚴重缺水。城市化帶來的問題，如環境污染、交通擁擠、房租昂貴、失業上升，已經開始浮現。

美國的城市化

　　美國的城市化進程跟其他發達國家一樣，很早就完成了。2010年人口普查表明，美國人繼續喜歡低密度的生活方式，郊區（suburbs）和遠郊（exurbs）比市中心的人口增長要快。美國城市人口（urban）約占總人口的四分之三，四分之一居住在鄉下（rural）。但城市人口的大多數都住在郊區，不到一半在中心城。

　　美國內戰之後，城市拔地而起，摩天大樓和交通系統使城市越變越大。1870年時，只有兩個城市的人口超過50萬，到1900年就有六個，包括三個人口超過百萬的城市——紐約、芝加哥、費城。來美國的新移民也湧向大城市的貧民區。「中國城」、「唐人街」就是那時興盛起來的。除了「中國城」（Chinatown），美國城市還有「小義大利」（Little Italy）、「小波希米亞」（Little Bohemia）、「德國城」（Germantown）等各族裔聚集的地方。

中美城市化的對比

　　中美城市化最大的差別，在於前者是政府好大喜功的推動，後者是自由意志下的選擇。在一窩蜂的城市（鎮）化之後，中國民眾開始質問，為什麼要城鎮化？城鎮化是為了人民的幸福，還是為了面子工程？城鎮化是建立在平等基礎之上，還是對農民的

再次掠奪？城鎮化倉促推進，是黨官政績的需要，還是社會統籌發展的最佳路線？還有，城鎮化是中國經濟增長的引擎嗎？

城鎮化並不一定是推動經濟增長的因素。許多拉美和南亞國家，經濟停滯不前，但城市化率卻仍在提升。城市化本身只是工業化的結果，而未必是經濟增長的源泉。

城鎮化率提高，將有相當數量農村人口轉到城市，按中國目前就業的狀況，城市沒有足夠的空間容納這些新增的勞動力。城市就業消化不了，農村也會勞力短缺。中國沒法實施美式大規模、全面機械化的農業生產方式。放棄手工作業的生產方式，7億農民去哪裡討生活？

說城鎮化導致購房、消費，也像天方夜譚。統計顯示，農民工在城鎮的自有住房擁有率是0.7%。高房價城市居民都難以負擔，農民工哪來的購買力？日本與韓國等成為發達國家後，隨著城市化率的上升，貧富差距普遍縮小，吉尼係數不到0.4，日本和臺灣甚至低於0.3。中國目前的吉尼係數已超過0.6，過去20年的城市化導致社會矛盾如此尖銳，繼續放任，城市化不但不會成為經濟發展的動力，反而會成為社會發展的破壞力量。

中國房地產市場的混亂和沉重壓力，是對社會的一把利劍，它直接戳痛了人民的軟肋，也暴露了操刀之人。中共各級領導人通過拆遷實施非法掠奪財產，其罪惡為各界關注。社會災難的緣由，有說是有關當局和開發商；前者提供權力，後者提供權「利」。但「官商勾結」的罪魁，則在於中共的上層。

許多善良的人們，依然指望當局「壯士斷腕」，從內部剷除「官商勾結」，課重典以解決國不定、民不安的問題。這當然是一廂

情願。因為以目前中國社會的現狀，從官商勾結的程度、權力商品化的成度來看，「斷腕」肯定是不夠的；「斷尾求生」恐怕也不夠；而斷得再多，就得自取性命了。

第七章
中國房產降價多少才算合理

中國的房地產市場，最近成為研究中國問題的海內外人士關注的焦點。但準確的說，「中國房地產」這個名詞本身就頗有幾分荒謬。中土根本不存在「房地產」，因為沒有土地的擁有權亦即產權，哪來的「房地產」呢？在中國大陸可以談及的，充其量只有房產或房產的使用權，如此而已。外國人所稱「Real Estate」（房地產），指的都是土地。土地之上的房子，是土地的附加或只是「Improvements」，亦即在土地之上的建築改良物。

房子與土地 vs. 朝廷與國家

地上的房子和人間的朝代一樣，都是來來去去、去去來來的。房子可以推倒重建，朝代可以更新換代，房子沒了地還在，朝廷沒了國還在。想想我們今晚睡覺的這棟房子下面的土地，以前有多少達官貴人、平頭人民、英雄好漢、高低貴賤都曾在其上往來行走、盤桓棲居、入土下葬呢？美國電視上常有廣告賣金屬探測器，有點像探雷器，人們可以買來在自家院裡掃一掃，很輕鬆的，

沒有排雷兵那種危險。廣告說有人在院子的地下發現了古老金幣、金戒指等等，不一而足。哪天突發奇想，要在咱家三分之二英畝（約4市畝）的地上也掃那麼一掃，沒準兒會發現美國內戰時士兵的短劍、「亂世佳人」裡郝思嘉的戒指或印地安人的箭頭之類的，也未可知。

話說回來，有些人還就是弄不清房子和土地、朝代和國家、政權和社稷、共黨和中國之間的區分。加上紅朝豢養的五毛[1]們亂攪渾水，弄得當今社會黑白不分、是非不明。想正本清源、名正言順，人們該使用的名詞不是「中國房地產」，而應當是「中國房產」或「中國地上建築改進使用權」，這樣才合情合理。

中國房地產價格的基礎

近日與朋友閒聊論及中國房市的未來，買進和抄底[2]的機會什麼時候到來。跟他們開玩笑說，中國人民目前最應該做的，連看房、觀望都不是，而是集體罷買。毅然不買房以迫使政府讓步。等既得利益集團資金流動出現困難，還貸壓力高得難以承受，他們也許會放棄既定政策，說不定會同意將土地產權跟房子一起賣給民眾。本來這些土地的擁有權就是中國人的，要回原本屬於自己的土地，既理直氣壯，也合乎天理。那時談論中國房地產的真正價格，才有合理和合法性的基礎。

當然，對亟需住房和不滿通脹侵蝕收入的人，要他們不買房恐怕很難做到。而另一個隨之而來的問題就是，如果目前的房價過高，高得不合理，那中國的房產降價多少才算合理呢？這倒是一個很有趣、很現實的問題。2011年第四季中國房產價格環比[3]下

跌的趨勢越來越明顯，一般降幅在二成左右，部分樓盤超過三成，四、五成的也不罕見。但即使如此，離住房的合理價位，好像還有距離。

塞爾維亞軟件工程師馬頓・亞當莫唯奇（Mladen Adamovic）創立了一個叫「Numbeo」的網站，據說是世界各國生活成本最詳盡的數據庫。根據他的數據，全球 350 個城市中房價與收入之比最低的 40 個城市，美國占了 31 個。其房價／年收入的比率在 1.2 至 3.2 之間，亦即人們以 1.2 到 3.2 倍於年薪的價格，就可以買到中間價位的住房。而全球住房最難、房價／年收入比最高的 7 個城市，中國占了 2 個（上海和深圳），北京和廣州都在 20 名之內。比上海還困難的城市都不在發達國家，他們是巴基斯坦的伊斯蘭堡、突尼斯的突尼斯市、衣索比亞的亞迪斯亞貝巴等。這些房價最貴的城市，房價／年收入比在 23 至 53 之間。亦即人們必須以 23 到 53 倍於年薪的錢，才能買到中間價位的住房。

房地產價格該降多少

依筆者在世界各國包括北美、南美、歐洲和亞洲的日本、臺灣等地遊歷的經驗，美國房價相對於收入無疑是全世界最低的。拿中國跟美國比顯然不太現實。但拿中國跟日本和臺灣相比，應該不算太離譜。因為臺灣和日本的人口密度都遠高於中國大陸。用亞當莫唯奇的數據也行，全球 350 個城市的平均值是 9.9，亦即世界人民平均需要花 10 年的收入，才能買下一棟中間價位的住房。

中國房價在一線到二線、三線城市間差距很大，這也很正常。北京房價即使降一半，以 2 萬人民幣／平方米來估算，一套 50 平

方米的住房要 100 萬人民幣。大陸工資即使是北京的白領，一個月有 7、8 千人民幣的收入，購買一套 50 平方米的住房也超過世界平均負擔。所以，在降價一半之前或對普通民眾來說，要花費 20 到 30 年的收入才有可能買下這套住房。

內蒙的鄂爾多斯康巴什作為大陸房地產泡沫的樣板，樓市從以前的均價 1 萬元人民幣暴跌到後來的 3 千人民幣，降了 7 成，50 平方米的住房 15 萬人民幣，這倒是不錯。可惜沒有人會去「鬼城」居住，「鬼城」的房子挪到北京，也許才有吸引力。

對大陸民眾來說，房價為年薪的 5 至 10 倍，應該是可以接受的。大陸目前的年薪平均在 2、3 萬人民幣上下，50 平方米的房子不超過 30 萬人民幣，每平方米 3 千到 6 千人民幣，才算比較合理。從目前中國房市的泡沫價格看，降幅真的需要達到 70% 才行。當然，要趕超美國、達到美國人的住房水準，要降 90% 才有可能。即使那樣，房子面積還只有美國的五分之一。

中國房產如果降到這個水準，可能算合理，對民眾也有利，但能實現嗎？官方通訊社說，房地產調控不能有絲毫的動搖或半途而廢，必須讓房價回到讓社會公眾滿意的「政治水準」。顯然，房價在中國不是經濟問題，而是政治問題。中國政府賣地收入 20 年間漲了 6 千倍，地方財政增長 20 多倍。他們也許願意看到房價受控制的降低以安撫民心。銀行也說降一半能挺得住，但超過一半呢？那就難說了。

註 1：網路評論員，是中國大陸特有的一種指稱，受雇於中共當局，以網路發表評論為全職或兼職的人員。通常他們以普通網人的身份，發表盡可能對中國官方有利的評論，來試圖達到影響網路輿論的目的。五毛是對網評員的蔑稱，

意在譏諷他們發一篇網路評論能賺 5 毛錢。

註 2：抄底就是指在價格到達底部時買入。

註 3：價格環比就是與相連的上一期價格相比。如果是周資料比較，環比就是本周的比上周的；如果是月資料比較，環比就是本月的比上月的。

第八章

中國房地產成了社會的毒品

卡內基國際和平基金會是美國歷史悠久的智庫，也是著名的外交與國際事務政策的研究中心。基金會宣稱，其開展的工作講究實效，不受任何黨派的控制。卡內基國際經濟研究專案的客座學者鮑泰利（Pieter Bottelier），也是約翰霍普金斯大學的客座教授、中國問題專家在 2010 年指出，如果中國延續過去多年的經濟發展模式而不做出調整，中國經濟最終會崩潰，社會緊張關係會加劇，中國和其他國家的關係也會惡化。

中共官方經濟學家承認，房地產調控不可半途而廢，但房地產嚴重萎縮也對經濟不利。中國經濟過度依賴房地產，說明消費和出口拉動 GDP 的馬車失靈。對房地產的依賴，如同對毒品的依賴，房產經濟對 GDP 貢獻越大，政府越發依賴人民幣，正如毒品癮好越來越重一樣。

從海洛因、古柯鹼，到強力膠和鎮痛劑，意志贏弱的人對毒品欲罷不能，知道它會帶來毀滅，但仍然抵擋不住誘惑。中國房市之乖戾，用毒品形容，對當局和房奴，都是貼切的描述。

房地產市場的本質

越來越多的人意識到，中國房市的本質，是六十年前被暴力剝奪了土地擁有權的中國民眾，現在又不得不掏空自己的積蓄，加上父輩的積蓄，來從自己的「公僕」手中贖買原本屬於自己的土地的使用權，以期解決自己蝸居經年的窘況。

等人們發現房價迅速上升的時候，其漲速遠遠超過工資增長的速度，也迅速超出自己承受的能力時，又發現推動房價上漲的資金不是來自其他同胞，也不是來自市場自然的需求和供給的互動，而是來自國有的銀行。

並且，這些國有銀行把全社會的積蓄有選擇的給予了一小部分、他們最鍾愛的「公僕」。不僅如此，2010 年人們又發現，這些公僕已經花完了中國刺激經濟計畫的數兆元人民幣，又從銀行信貸的擴張中拿到了 9.6 兆元人民幣。這些超過正常信貸水準幾倍的資金，既推動了房價、燃起了通貨膨脹的火種，也使地方政府的債務急速膨脹。

房價高漲和房市最終必然的回落，引起人們普遍的擔心。但人們更需要了解的是，房地產已經成了毒品，勾起了全社會的癮好，使人們越陷越深，難以自拔。

人民對房地產上癮

從民眾角度看，房地產讓人「上癮」、為之瘋狂，源自中國人對土地的眷戀。美國最近的衰退房市中，華人是最大的受益者，人們紛紛抓住這個時機，換大房、好房，大肆購買跌價幅度高達

40% 的豪宅。美國最好的鄉村俱樂部、高球俱樂部的社區內，突然多了許多東方人的面孔。不知不覺中，美國社會財富的新格局已經日益成型。

在美華人的心理和行為，其實與大陸中國人的心理和行為，有一脈相承之處。只不過，在自由社會，華人會在經濟衰退之際利用勤勞和節儉的本性，聚斂新的財富。而在大陸，人們也會抓住時機，在即使是共黨控制最嚴的地方，利用各種方式，逐漸累積家產。當人們發現一個甲子之前被粗暴剝奪的房地產有可能回歸時，哪怕是虛假的 70 年使用權、而沒有真正產權，仍然趨之若鶩、欣喜若狂。

中國社會租房市場相對於買房市場的冷清，也反映了中國人同樣的社會心理。在正常社會，總是有三分之一到一半以上的人們選擇租房子住。在中國，人們不願租房，而寧可節衣縮食、四處告借、甚至「啃老」來籌集首付款、維持月供。人們對房地產如此著迷，如此欲罷不能，其實跟毒品上癮非常相像。

尤其是，當房市被人為的推高、高的離譜時，人們還是絲毫沒有醒悟的跡象，仍是前仆後繼、把最後積蓄投入房市的無底深洞。中共媒體的宣傳，既得利益的地產公司的煽風點火，御用經濟學家的造勢，加劇了人們對房價狂漲的恐懼，而生怕錯過了最後的一班地產快車。說起來，人們當年從共產黨手中失去土地的恐懼，至今變成會再度失去土地（地產）的擔憂，它再次像噩夢一樣困擾平靜的人們，並再次搜刮了人們的錢袋。

官方對房地產上癮

對中共官員、子弟、和裙帶關係人來說，權力通過房地產開發變成現金，他們從開發商那裡得到了直接的金錢和房子上的好處，也從地產開發帶動經濟成長、GDP 亮麗上，得到對政績的間接好處。

這後一好處對當局來說，其實也是一種毒品，因為這給了他們在經濟衰退時社會治理的靈丹妙藥，一種一舉多得、投入低、效益高、見效快、風險幾乎全無的政治策略。他們得到了這些好處，也染上了毒癮，會不厭其煩的反覆使用這一策略，帶動 GDP，帶動相關產業和就業，也豐滿自己的錢囊。

當這種策略在全國範圍被普遍運用時，官員的政治風險幾乎降到最低點。反正天塌下來有眾人頂著，反正中央政府也對此樂此不疲。也就是說，大家都願意冒著沾染毒癮、越陷越深的風險，來繼續製造中國經濟的「奇蹟」。

中央政府雖然一道道的對房地產下達限令，但人們看到的卻是一年就發放了 10 兆的貸款。政府一面試圖遏制泡沫的產生，一面添油加醋、促進資產泡沫的產生。這是當局一方面害怕房市過熱引發經濟崩盤，一方面又擔心不繼續刺激經濟會導致經濟衰退、失業增加，導致社會的崩潰。進退兩難之際，跟癮君子明知毒品不好，但也欲罷不能的心態，其實是一模一樣的。

泡沫之下，6,000 萬套房子沒人住、電表數字為零，它們本來可以解決兩億人的居住。那麼，泡沫會什麼時候破滅呢？也許，當越來越多的人們意識到了這一危害民眾、危害社會、也危害政府的毒癮時，泡沫就會提前破滅。或者，當銀行的錢、地方政府舉債籌來的錢，以及國際熱錢都接近窮盡時，泡沫也會轟然破滅。

第3部

中國的影子銀行與錢荒

外匯存底世界第一的中國，理應錢多到泛濫
成災，為何還發生缺錢的「錢荒」？地方債
將引發金融的系統性風險，威力之大將超過
2008 年全球金融海嘯，是耶？非耶？

第一章
中國的民間信貸和美國次貸

英國《金融時報》專欄作家吉迪恩‧拉赫曼（Gideon Rachman）認為，2011年是「全球憤怒之年」，亦即在全球範圍內，眾多國家都爆發了各種形式的街頭抗議或民眾起義。有意思的是，拉赫曼發現，似乎唯有美國是其中的例外。其實，中共的左派人士也一直在納悶，為什麼美國貧富懸殊也很大，民間有那麼多槍枝，種族問題也挺麻煩的，又是世界民族的大雜燴、大熔爐，凝聚力應該不算大，但美國卻沒有什麼「無產階級革命」的可能。對這個問題，這些左派人士如果不能跳出毛派的思維去看今天的世界，恐怕他們到棺材裡去的時候，還是搞不清對這個問題的解答。

無論如何，全球民眾憤怒的原因，卻值得人們深入的思考。拉赫曼覺得，世界人民的憤懣，主要是因為對執政階層的財富規模與腐敗程度感到不公，而且各國的抗議運動和所有的動盪，都與「全球化」息息相關。如果真是這樣，那在北非的埃及、利比亞之後，中國真的會是人們關注的焦點，因為無論從中共權貴的財富掠奪，到中共官員的腐敗程度，再到全球化中中國不甘心作

為一個初級加工的世界工廠，都給了人們足夠的理由，去擔心中國社會憤怒的爆發。而這一爆發，很可能會是由專制的高壓和集權開始，而以財富的聚斂和再散落而告終，最後回歸一切來自泥土、又歸於泥土的古訓。而中國財富危機爆發的導火線，在房市和股市之外，如今看來，又多了一個已經瘋狂至極的民間信貸。

瘋狂的中國民間信貸

2011 年港臺報刊報導說，溫州民間借貸的利率早已超過歷史最高，月息已達到 3 至 6 分，甚至高達 1 角、1.5 角，年率竟然達到 180％！即使是販毒和印偽鈔，能償還這樣高利率的貸款，都沒有太大的可能，犯罪者還得承擔被警方抓捕的風險。無力償還高利貸的倒閉企業，老闆的「跑路」事件，從沿海的浙江、廈門，到華東的江蘇，再到內陸的內蒙，在中國大陸遍地上演，而且愈演愈烈。

說中國的民間信貸「瘋狂至極」，其實真的是「輕描淡寫」（understatement）。高利貸不僅對不能獲得銀行信貸、不得不舉債的中小企業來說是飲鴆止渴的毒酒，對社會的傷害其實更大，因為在利益的驅使下，全民都會參與民間信貸，溫州已經出現了全民參與的跡象，這無疑會再現歷史上荷蘭鬱金香的慘痛經歷。

十七世紀荷蘭黑色鬱金香事件中，當拋售開始、泡沫破滅時，荷蘭政府曾試圖入市干預，企圖挽回價格狂跌，但無濟於事。中共當局干預民間信貸的時候，這個時刻是會隨時到來的，迷信於鐵腕的紅朝不會有當年荷蘭政府的溫文爾雅，而會以高壓切斷資金的鏈條。

如果說荷蘭的鬱金香事件，導致荷蘭全國經濟的混亂，是荷蘭走向衰落的開始；民間信貸資金鏈斷裂，導致中國經濟的崩盤，怎麼會沒有可能呢。2011 年里昂證券的報告說，單是溫州一地，民間未償貸款總量就可能高達 8,000 億到 1 兆人民幣。而企業破產，至少會導致一到二成的未償貸款變成壞帳。難怪有人說，中國式的「次貸危機」，已經迫在眉睫。

中國和美國的「次貸危機」

在對付金融危機時，一個有趣的現像是，美國央行（美聯準會）多用利息槓桿，一直把利率壓在目前的低水準上。而中國政府在阻止經濟過熱、房產泡沫時，卻鮮少使用利率槓桿，看不到利息的提升，而是不斷的提升銀行的準備率。對付類似的經濟問題，為什麼美國升息而中國卻主要提升銀行的準備率？中國央行對升息的恐懼，與民間資金瘋狂流入地下錢莊，恐怕不無干係。

中國的假「次貸危機」和美國的真「次貸危機」相比，至少在四個方面有所不同。

第一，美國的危機是政府太樂意放款，以提高房屋購買率，是低利率的刺激；中國的危機是政府不願放款，迫使中小企業鋌而走險，是高利率的冒險。第二，美國的問題是銀根太鬆，還有中國人持續購買美國國債，源源不斷的提供廉價資本；中國的問題是銀根太緊，且一直在選擇性的收緊，而沒有任何人會替中共的貪婪埋單。第三，美國的次貸破滅，信譽差的人和貪婪的銀行受損，信譽好的人和講良心的人毫髮無損；中國民間信貸一旦破滅，辛苦的中小企業家破產，貪便宜的平民遭殃，坐擁銀行資本

的中共權貴則毫髮無損。第四，美國危機過後，冤有頭、債有主，清算的人流讓律師們忙得不亦樂乎；中國危機一旦爆發，被清算的就不是同樣破了產的業主，而是危機源頭的中南海了。

民間信貸危機的後果

地下錢莊在中國的盛行，從表面看，是民營企業得不到官方銀行的優惠貸款，而民間的資金又沒有可靠的投資去向。加上房地產市場的瘋狂，資金富裕者和資金需求者都不自覺的被捲入了一場他們自己都不知道有多深的金融深淵。所有參與者現在最大的夢想，就是自己不是最後一個脫身的人。而實際上，他們幾乎所有的人都會是不得脫身的犧牲品，因為他們面對的，除了嚴酷的經濟規律，還有一個絕對不會容許民間資本、民營企業坐大的中共政府。造成地下錢莊盛行、民間信貸失控的根源，在於官方控制金融的策略，和官方銀行歧視性的貸款標準。

地下錢莊越發達，不管它是以找換店、銀樓、當鋪、外貿公司或旅行社等形式出現，其高利貸的利率越高，這場瘋狂豪賭的吸引力就越大，最後破滅時的毀滅性打擊也越重，被慘重波及的人數也就越多。當負債者不能按期還錢時，追討的手段就不僅僅是在住家牆外潑油漆、塗鴉、用膠水塞鑰匙孔、或在家門口掛個死豬頭，甚至放火了。當人們意識到金融歧視的根源何在時，就會從根子上尋求解決的出路，去討最後的「說法」了。

中共總理曾警告說，發達國家的高失業率及政府債務等因素可能影響中國的經濟發展，而中方需要「充分重視貨幣政策的後續和累積效應」。但中共的貨幣政策在民間信貸這個被忽略的角

落生出的苦果，則是中央政府無論怎麼提高「政策的前瞻性」，都不能解決的。

第二章

中國離「最大贏家」有多遠

《時代》週刊商業和經濟專欄作家佳斯汀・福克斯（Justin Fox）曾經收集了一批讀者關於金融危機、次貸、銀行業的前景和美國經濟前景方面的十幾個問題，並給予回答。其中有個問題很有趣，這名讀者問華爾街和賭場有什麼區別，提問者還特別註明，這並不是開玩笑。在目前全球經濟前景黯淡的狀況下，這的確不是個輕鬆的玩笑，而是人們真心的疑慮。

對這個問題，福克斯的回答也很有趣，他說在華爾街，發牌手（交易員）掙的錢要多得多，並且這些人常會跟顧客一起下注。我們知道賭場的員工（發牌手）是不參與賭博的，並且賭場往往是每隔一會兒就換發牌手，讓他們頭腦清醒地對付頭腦發熱的賭徒。

而華爾街的交易員則是拿你的錢去賭，還時不時的自己也賭上幾把；最後他們賭輸了，還要挾各國政府出來埋單。怪不得越來越多的美國人對此不滿，擔心共產的餘孽[1]在全世界進行滅亡前最後的反撲。

一次在朋友家吃飯，談起他們的孩子要上大學了，什麼推薦

信、申請材料、SAT 等話題，以及孩子如何能在眾多的申請者中脫穎而出，進入理想的大學。交談中大家提起了一部好萊塢的電影，叫《21 點》。電影中，一個麻省理工學院（MIT）的學生被錄取進入哈佛醫學院，但因付不起 30 萬美元的學費，加入了一個 MIT 數學教授的 21 點俱樂部。俱樂部成員聯手合作，通過暗語數牌、記錄出牌的機率，在玩 21 點的賭博中得手，賺了許多錢。雖然不義之財最後還是得而復失，但這段經歷似乎震撼（dazzles）了哈佛獎學金的審批者，這個學生有望從眾多的獎學金申請者中脫穎而出。

據說電影是基於一個真實的故事，主角還是位華裔學生。影片中這群記憶超群的高才生的祕訣，是他們絕不去賭博，絕不讓情緒和情感帶動自己，而是異常冷靜的計數，按照數學教授的方案行事。最後主人翁的失手，也是因為情緒的失控、不能及時脫身。

從華爾街的教訓看，大投資銀行的交易員還不止是情緒激動，他們似乎點燃了全世界民眾對金錢的執著。好在今天全世界人民都更加認識到了人間的聖者早就告誡我們的，亦即股市已經是投機和賭博的場所，在貪婪之心驅使下的所作所為，最終只會害了人們自己。

華爾街豪賭失利，但戰事還沒結束，離清掃戰場、清點家底的時刻，也許還有幾季甚至幾年。既然有人輸了錢，應該也有人在暗地數錢。許多人的注意力，開始轉移到危機之中和之後，究竟誰是最大的贏家，或者有沒有贏家，這個更撲朔迷離的問題上來。

華人世界的許多評論家和學者，也開始討論在這場金融危機中，中國是否可能是一個贏家、甚至最大贏家的問題。

全球金融危機的原因，除了投機的濫觴和市場泡沫的破滅，還有流動性資金的缺乏這個古老而又常新的問題。北卡州立大學金融教授理察德・沃爾（Richard Warr）在談及市場對危機的反應時說，「從許多方面看，目前的危機是一場許多因素構成的完美風暴。但最關鍵的問題還是流動性資金，或者說流動性資金的缺乏。」

華人世界有儲蓄率高、簡樸持家、量入為出的處世原則，這一美德帶來流動性資金的豐裕，在危機之中的社會顯得更加珍貴。所以，華人社會在世界金融危機中成為贏家，確實有我們與生俱來的優勢的潛力。但究竟是否會成為贏家，還有許多因素需要考慮。

比方有學者認為，中國現在可以用外匯儲備做很多事，包括到歐美發達國家和新興市場國家去購置很多戰略性的資源，如石油和礦產；或者向在金融危機中受打擊比較大的國家提供援助、購買其資產或證券；甚至藉機要這些國家對中國商品進一步開放市場。

如果這些設想可以實現，在危機中成為贏家確實有現實性和可能性。但問題的關鍵，在於許多設想並不具可操作性。比方在目前油價偏低時大量買油，買了沒有戰略儲備的場所、沒有煉油能力怎麼辦呢？買石油期貨，則需要更大的膽識和見解。繼續購買美國債券，也似乎是中國外匯儲備最有可能的出路；要其他國家對中國商品進一步開放市場，也難以實現，因為歐美民眾正在減縮支出。

對中國經濟感到悲觀的人們說，不是最大輸家就謝天謝地了，還奢談什麼最大贏家。

　　的確，中國從上到下都已經認識到，擺脫出口依賴型的經濟，轉向以內需為驅動力的經濟，由國內消費來帶動經濟增長，才有成為贏家的可能。

　　批評家們已經指出，政府雖然在大談內需，但人們手裡卻沒錢，沒錢怎麼推動內需呢？推動內需需要「國富民強」，而不是「國富民窮」。研究中國的學者程曉農認為，中國經歷了二十年的每年 8% 的 GDP 增長，而人民的收入卻沒有同樣的增長。財富落到占人口 5% 左右人的口袋裡，占人口 90% 的人沒有從發展中得到好處，這才是真正的問題。

　　看來，中國離「最大贏家」的寶座有多遠這個世界級的外部問題，其答案似乎在於一個國家級的內部問題，亦即 90% 的中國人與最上層 5% 的人們，在財富和權力的差別方面，究竟有多麼的近、或者多麼的遠。

註 1：政府干預、政府主導、控制，都是屬於社會主義、共產主義的東西。筆者稱其為共產餘孽。

第三章

中國為什麼有被做空的可能

醫藥衛生界的一個朋友問及，看到媒體上關於中國經濟的現狀，有「死硬多頭改口」等說法，想知道到底是怎麼回事，什麼多頭、做空之類的，究竟是什麼東西，還有這些人是否在「唱衰」中國經濟。朋友狐疑的更進一步問到，這一個國家的經濟，到底能不能被什麼人給唱上那麼一唱，就給弄衰了呢？

那麼，中國的經濟是不是被別人在看跌、被唱衰、或者有可能被唱衰呢？如果真有大筆的資金在那裡準備做空中國經濟，那中國經濟是否有、為什麼有被做空的可能呢？深究下去人們會發現，中國經濟虛弱的前景，其實是中共政權自己一手造成、一手推動的。

空頭是相對於多頭

所謂的「做空」，又稱放空（short sell）、空頭，是指預期未來的市場行情會下跌，那麼如果人們將手中股票或其他有價債券按目前的價格賣出，待行情跌了以後再買進，就會獲得利差的利

潤。更有甚者，人們甚至可以將手中還沒有的股票也「賣」出去，就是所謂的「空賣」，如果股票真的如預期下跌，就仍然可以獲得差價的利潤。

多頭（long position）也稱做多，是指投資者對股市看好，預計股價將會看漲，所以趁低價時買進股票，待股票上漲後再賣出，以獲取差額的收益。「多頭交易」亦稱買空，就是交易者利用借入資金在市場上買入，以期將來價格上漲時再高價賣出，以從中獲利。

「做多」或「多頭」與做空是相反的。多頭是指買空，預期未來市場會上揚；空頭是指賣空，預期未來市場會下跌。一般來說，專注多頭的投資者為數眾多，關注空頭的投資者就少得多。專業人士或者投資高手，往往空頭和多頭兩個一起做，這樣不管市場是升還是降，他們兩面都會賺錢。

死硬空頭改口

中國房市早在幾年前就有國際知名專家看衰，其中包括國際空頭大師查諾斯（Jim Chanos）、中國經濟學家謝國忠和哈佛大學教授羅格夫（Kenneth Rogoff），他們都曾警告中國房市正在開始崩潰。由於房市崩潰引發經濟危機，末日博士魯比尼和避險基金大鱷索羅斯都認為，中國經濟可能避免不了硬著陸的可怕前景。

有意思的是，原來死硬的多頭專家、彼得森國際經濟研究所的拉迪（Nicholas Lardy）現在也不得不承認，房價下滑可能讓中國經濟產生「重大修正」。原來拉迪是看好中共的，是多頭，認為中國的房地產市場會很好。現在他改變了，不再看好，也成了

空頭、明白真相了。死硬空頭改口的消息，其實對業內人士有極大的震動。

中國公司資料不公開，世界上試圖搭車獲利於中國經濟增長的投資者，也必須知道投資中國公司存在什麼樣的風險，許多對沖基金也瞄準了中國概念股，希望做空獲利。這一切甚至催生出一個新的私人調查行業——專門調查中國公司的財報。據說，這是一個「有潛力的行業」。有意思的是，最近以來，來自國際空頭的訂單非常的多。

錢之所在是信心的證明

做空者在實施放空運作時，必須對市場整體的趨勢有準確的研判能力，投資者必須能夠認清未來的趨勢和運行的方向。

市場股價的變化，在一定程度上是由多頭和空頭的力量對比所決定的。多頭預測價格上漲、信心很強，會作出購買的決策。空頭因為預測價格下跌，會拋售手中的股票。多頭和空頭在價格上達成一致，交易就達成了。空頭如果多於多頭許多，這本身就是市場的一個反映，可能是導致股市崩盤的先導。

中國宏觀經濟指標呈現明顯下降的趨勢，周邊市場也紛紛下跌，政府對資本市場採用緊縮銀根的政策，已經連續十幾次上調存款準備率，再加上中國通貨膨脹日益嚴重，中國市場其實已經有了明顯的空頭特徵。不僅是國際大戶有做空中國的心願，中國國內的小戶、散戶，其實都有做空的打算，可惜可供操作的工具可能不多甚至沒有。這當然是中國政府不開放股指期貨和做空機制所造成的，但中國在這一問題上的猶疑不決，其實也是對自己

信心不足的表現。

做空的前提是把自己的錢，或者自己管理的錢，押在股市崩盤上面。訊息不透明的時候，做空確實會引起恐慌。但如果訊息流通自由、透明的話，做空不見得會給股市帶來巨大的影響，做空頭的人也不是很容易的就能賺到錢，他們需要不斷的平倉、補倉。

至於說美國的金融高手做空中國、阻擊人民幣就是反華、有什麼險惡動機，這未免想像力太豐富了。金融大鱷小鱷只有一個目的，就是哪裡的金融出問題了，就去哪裡撈一把。如果中國經濟真的內力深厚，怎麼唱也唱不衰。如果真有天量的資金在那裡準備做空中國經濟，那是因為中國經濟有被做空的可能，因為中國經濟的繁榮是虛假的、房子是空著的、鬼城在一個個的唱著空城計、銀行在貸款壞透了的時候也不銷帳，這才是空頭願意賭一把、試一試的原因。而中國經濟偏亢、陰虛的症狀，其實是中共一手造成、一手推動的。

對中共唱紅、唱榮的人們，如果不喜歡唱衰，其實也有辦法應付。如果你真對中共和中共經濟有信心，你其實可以做多頭；美國人做空頭，你去做多頭。把你自己的錢押到那裡，是自信心的最好說明。然後，人們就可以看看誰會笑到最後了。

第四章

中國智囊的誤判和世界的陰謀

多年前，北京政界流傳，中共的國家主席由於身邊的智囊誤判國際油價近兩年的走勢，對此感到「非常生氣」。香港報刊的分析說，中國沒有一個智囊專家能準確預測國際油價的飆升及飆升的原因，他們的誤判令北京高層無法準確決策，因而造成中國當前能源的困境。

世界石油漲價帶來的汽油漲價，使美國的中產階級都開始意識到加滿油箱現在可能是一個沉重的負擔。每星期裝滿一箱油要花上七、八十美元，在平均收入線上下的人們，需要用大半天的工作來加滿一箱油。最近一幅卡通漫畫是這樣的，老闆帶著歉意告訴員工，公司不景氣必須裁員，對不起您也是其中的一個。結果被裁掉的這個人不但沒生氣，反而高興的說，太好了，我正發愁付不起上下班通勤的汽油錢呢！

油價上漲的真正原因，眾說紛紜。石油輸出國組織多數會員國反對增產，他們不認為這是供需失衡的結果，說期貨操作與美元匯價下跌，才是造成油價上揚的元兇。投機操作一說目前似乎

佔了上風，為許多人所接受。以前，只有汽油公司、航空公司這些直接受到油價影響的公司才會投資石油期貨，而現在石油期貨市場的大部分弄潮兒呢，都不是這兩類的公司。

無論如何，中國智囊誤判的原因，與誤判的結果相比，倒是更加有趣和發人深省。據說，中國的學者專家們，近年大都以「陰謀論」來判斷國際經濟和金融的問題。他們普遍認為，國際油價上漲是陰謀家有意推高油價、以迫使中國高價買油。所以他們預期，國際油價將會以較快的速度回落。只不過呢，2006~2008 年，石油價格沒有按照他們「陰謀論」的推論走低，卻是愈升愈高。

所以，從目前的局勢看，要麼是陰謀論不成立，要麼是陰謀論的「陰謀週期」很長很長，那些陰謀家的「險惡用心」到目前還沒有顯現出來，需要繼續的觀察。

顯然，陰謀是很煩人的東西。記得亞特蘭大奧運會時，一枚自家製造的土炸彈就弄得大家意興闌珊。那年的北京奧運則特別怪異，連地對空導彈都擺出來了。顯然，這是對著更龐大、更高科技的巨型「陰謀」而來的。

北京奧運時，當局居然在北京市內設置地空導彈發射裝置，離鳥巢和水立方只有一公里。這個有可能用飛機、導彈發動的「陰謀攻擊」能來自哪裡呢？美國的轟炸機和導彈是不會去的，因為美國總統小布希說他大概會去，炸自己的三軍統帥不太可能。俄國、北韓也不太像。現今世界上的恐怖主義集團和流氓國家，對中共都很友善。那麼，誰會用來自天空的威脅來搗毀這個難看的「鳥巢」呢？想來想去，除了天意，還真想不出來。

估計呢，那一定是中共智囊們的又一次誤判。要不然，唯一

剩下的可能，或許是提防自己的軍隊。記得六四鎮壓時那麼多大兵進來，其實是互相扞制、互相提防的。聯想到四川地震時總理都調度不靈，這樣的軍隊一旦趁奧運叛變發難，倒也是需要提防提防的。

陰謀論通常是指預謀一件非法或不道德的事，或對某一事件作出特別的解釋，此類特別解釋不同於廣為接受的解釋，並將事件解釋為個人或是團體祕密策劃的結果。

陰謀論可以說是充斥著我們的世界。有意思的是，比方說在美國，人們談到陰謀的時候，都是指向政府的，都是自己的政府、美國政府幹的好事，或者壞事。而中國人談到陰謀論時，從來不說自己的政府，陰謀論都是指向外國政府的，基本上也是指向美國政府的。這美國政府一面對美國三億民眾搞陰謀，還要對十三億中國人搞陰謀，那可是夠累的了，但即使這樣居然還有人搶著要當總統。

有些「陰謀論」讀起來相當精采，立論很強，有滋有味。比方關於「9‧11」的陰謀論就一直在升溫，他們說世貿雙塔是被炸藥摧毀的。一群科學家不信官方提出恐怖分子劫持三架客機、撞向世貿中心雙塔和五角大樓的解釋，堅持認為「9‧11」是美國政府一手導演的陰謀，雙塔是內部的炸藥炸毀的，而不是被飛機撞毀的。持這種論調的科學家有教育學教授、工程教授和哲學教授。

西藏事件後，英國諜報機構發現中共當局一手策劃了鎮壓，而中共總理則一口咬定是達賴喇嘛預謀的。這兩個版本的陰謀論，一方有前科，陰謀、陽謀都搞過的，一方是持戒的佛家比丘，人們信哪一個呢？西方社會沒人相信中共當局，他們發現，這是一

個會撒謊的政權。

陰謀論的存在，在於陰謀的存在，而陰謀的存在，是因為人心中不善的、陰暗的、和害人的意圖的存在。不管是「陰謀」還是「陽謀」，都是用心計去謀取。殊不知，無求而自得才是真理，但有多少人會理解呢？人們更需要警惕的，是「超限戰」的作者所披露的那些預謀，這些人有意願、動機和理由去從事陰謀中的詭計。尤其是，當預謀者有官方背景時，可能動用官方的資源、國家的資源去陰謀行事時，這些陰謀對人們的威脅，比漲價的汽油、51 號區域（Area 51）的飛碟，都要直接得多。

從更高一層的角度看，陰謀之所以是陰謀，能得逞一時，但終究不能成氣候，所以才會有一次又一次的陰謀。坦坦蕩蕩的人，其實全然不必在意陰謀的存在、陰謀的實施。只要人心不古，陰謀肯定是有的，關鍵是我們怎麼樣看待陰謀。機關算盡，只算了卿卿性命，最害怕陰謀、最後為陰謀所累的，一定是陰謀家自己。

第五章
中共會發行大面額鈔票嗎

雖然倫敦有倫敦銀行拆借利率「LIBOR」、歐洲有歐洲拆放利率「Euribor」、中國的上海銀行間同業拆借利率（Shibor），但大部分人都不太會關注。直到 2013 年 6 月的一天，「錢荒」成為中國經濟最熱門的關鍵詞，「銀行間隔夜拆借利率」也成為人們關心的名詞。

中國金融 肯定出了大問題

上海的拆借利率，曾達到驚人的 13%，創下了歷史新高！這麼高的利率，借錢者自然止步不前，所以會有價無市。但價格（利率）達到這樣高的程度，中國的金融，肯定出了巨大問題。

以前每次中國經濟出現問題的徵兆時，中共總會在第一時間猛下重藥，但這次卻不見行動。是當局有意的放任市場，讓市場自行解決問題？但是，市場會真正解決中國的問題嗎？

如果中國金融界的這種狀況持續下去，飲鴆止渴式的信貸擴張可能有所收斂。但持續這樣的收緊狀態，銀行業的問題會繼續

擴大；如果此時房地產泡沫開始破滅，就會拖垮一大批中國銀行。但如果寬鬆貨幣，就是繼續中共前任的做法，通貨膨脹會加速地失控。因而，中共目前的確是焦頭爛額、進退兩難。

中國的錢哪裡去了

中國的銀行缺錢，股市也缺錢，中小企業更是缺錢，但錢都到哪裡去了呢？中共官方的解答，是「資金錯配導致的結構性資金緊張」，「不是沒有錢，而是錢沒有出現在正確的地方。」那麼，所謂「正確的地方」，是什麼地方呢？

人們已經發現，流通中的貨幣增加，但收到的效益有限，貨幣投放不能夠推動經濟增長。換句話說，資本並沒有進入有產出、有回報、有投資價值的實體經濟當中，而是進入了金融系統內的炒作、槓桿投資、期限錯配以套取利差，在大量的投機之中。

錢再生錢，在金融機構之間兜圈子套利，在「影子銀行」中利滾利，在逐步累積風險。人們還發現，多年來，中國經濟始終處於一種人為的「流動性充裕」的狀態之下。也就是說，所謂出現錢的「正確地方」，原來是中國最大的企業手中。

與美國最大的企業也持有許多現金不同，中國企業的現金，是中共權貴、太子黨集團、中國最有權勢的 70 萬高幹家庭所擁有的。除了上述金融圈內的炒作，他們還把這些錢在海外投資、購買西方的房地產、企業和品牌。

中國下一步會怎麼樣

中國不管是鬧錢荒還是錢財去了什麼特定地方，所有問題的

根源，歸根究柢，都是中共的權力壟斷。

資金被中共高層和太子黨控制的國企，用較低的成本從國有銀行獲得，他們轉手進行委託貸款，以各種方式套利；他們可以通過房地產牟取暴利，也可以通過影子銀行甚至地下銀行、地下錢莊，來攫取利潤。

所以，市場上大喊「缺錢」，央行卻按兵不動，這說明了什麼呢？是不是中國的貨幣政策由數量調控轉向「質量調控」和「結構優化」？雖然有這個可能，但人們不能排除另外一個可能，那就是中共真的在最上層也沒錢了，錢已經被他們自己的人、被自己的「子弟兵」囊括、席捲出走殆盡。

果真如此，傳說中的人民幣大面額鈔票，可能很快就要面世了。可貴的中國人啊，要小心了。

第六章

通貨膨脹失控後中國的選項

中國通脹失控，政府終於不得不承認了。其實中共承認也好，不承認也好；把消費者物價指數（CPI）煮煮燉燉、拼湊一番；或把重要的房價排斥在 CPI 計算之外，然後偷梁換柱、用租房成本愚弄世人，這類把戲都沒什麼用。戲法的老底在民工盒飯價格快速上漲、主婦們每日菜金節節上升之際，再也難以掩蓋。

通脹惡化忍無可忍

德國之聲的報導談及中國通脹的政治影響，最先掀開了謎底。通脹在中國雖然司空見慣，但發改委官員出面承認無法控制，要做好準備忍受較高通貨膨脹的壓力，卻非常罕見。對通脹規模的估計，國家統計局、發改委和銀行界的預估差別極大，幅度居然在 5% 至 15% 之間，也算舉世罕見。

過去十年中國廣義貨幣發行量（M2）年均增長約為 18%，是官方 GDP 增速的近兩倍。如果考慮到中國 GDP 的低質量和高水分，M2 的相對增長就更加驚人。從另一個角度看，中國的通脹也

是 GDP 的試金石。因為通脹的出現既滯後於貨幣的增發，也會由於經濟的增長被部分的稀釋和掩蓋。如果中國經濟增長是真實的、優質的，通脹的壓力就不會來得那麼快、那麼猛；而當人們不得不面對迅猛的通脹時，就有理由懷疑撒謊成性的中共所提供的 GDP 數字。

中國通脹怒斥美國

有趣的是，中國通脹失控之際，中共商務部長居然怒斥美國，高調批評美國亂印鈔票、導致中國通脹加劇。這很耐人尋味，為什麼美國亂發鈔票會導致中國通脹加劇呢？難道美元已經在中國流通了？還是中共不打自招，承認與美元的「脫鈎」是謊言？如果是因為「輸入性通脹」對中國經濟造成影響，那只能說明國際市場的價格與中國市場的價格差距太大，中共壓制工人收入的力道太強，來自外界的壓力只會給中國工人帶來好處。美國目前根本沒有通脹，所以聯準會還在降息。在此之前，聯準會還有通貨緊縮的憂慮。

跟當局的其他謊言一樣，中國經濟的彌天大謊也正在一步步被揭穿。謊言的生命週期越來越短，穿幫的速度越來越快。世人該汲取的教訓是，中共所有的言辭、許諾、宣示，其實都是假的，都是謊言。你今天相信多少，明天就吃虧多少；你早意識到這點，就早知道真相、早明白一天；晚意識到一天，就晚明白一天、迷茫一天；到今天還意識不到的人，恐怕是由於私心和怕心自己不想明白、故意裝糊塗；要是到明天還意識不到、弄不清楚，可能等最終明白的時候就晚了。

通脹失控後的策略選項

通脹失控蓋棺論定，失控後政府的選項為何、如何應對呢？從中國通脹的根源和中共的本性來看，政府的選項不是很多，每一項實施起來都利害並存。具體說來，可選的策略不外積極作為、消極作為、轉移作為和無所作為四種。然而不管選擇哪種方案，中國經濟的最後結局，可能都是一致的、有定數的。

選項之一：積極作為。中共外匯存底是 3.5 兆美元，這些已經轉換成人民幣進入流通的錢，和近些年刺激經濟的十幾兆人民幣，使貨幣發行超過財富增長，這是中國通貨膨脹的主要原因。要消除通脹的影響，第一個可行的辦法，也是最積極的辦法，就是把投入的貨幣收回來。外匯存底中屬於外匯收入的部分，央行可以操作；但屬於海外直接投資（FDI）和熱錢流入的部分，政府則無能為力。

積極作為的方法，是把外匯存底中可操作的部分還富於民。如何還呢？開放貨幣市場讓人民幣自由兌換，國民可以按優惠價兌換美元，或直接把美元按人頭發給國民，這相當於逆轉了多年來囤聚外匯的做法。或者，用外匯大量購買民生產品、戰略資源，開放外國商品進入中國，用平價甚至補貼價賣給國民，甚至直接贈與國民。市場供給增加會立即減輕通脹，人民幣也可有效的收回。顯然，兩個方法都是中共不會採納的，他們沒有還富於民的意願，也不會放棄手中既得的利益。

選項之二：消極作為。消極作為不如積極作為那麼徹底，但仍然會緊縮貨幣，使通脹降溫。讓人民幣升值，是緩解通脹的簡

單手段。運用貨幣手段抑制通脹，可以一步加息到位，一步升值到位，或邊加息邊升值。中共最可能採取的，可能就是這個政策。它會繼續抑低人民幣，用犧牲國民利益的辦法維持經濟不垮，同時用小幅加息緩解外部壓力。但小幅加息用處不大，它會繼續吸引熱錢，對惡性通脹也沒有遏止作用；大幅加息有效，但會影響出口成本，引起失業等連鎖反應。

選項之三：無所作為。如果中共在不願進行積極作為、面對消極作為又進退兩難之際，從而選擇無所作為，這也是可以預計的。但不做什麼，繼續保持自己的地位和利益，這並不能保證在通脹的巨大壓力下中國人民也「無所作為」。民憤和民怨的烈火正在地下運行，隨時會蔓延到地面之上。

選項之四：轉移作為。轉移作為或轉嫁作為，其可能性不能排除。在前三項選擇都不得採用，而通脹繼續高度失控的情況下，中共有可能採取轉嫁危機的辦法，通過對外戰爭、或挑起它國戰爭、或發行新幣的辦法來應付。對外戰爭可能針對臺海或日本，挑起戰爭可能在印巴或南北韓之間進行。發行新幣的可能性也很大，因為可以直接強制的收回濫發過度的人民幣。中共可能發行新人民幣來取代現有的人民幣，強制民眾限額兌換，正如北韓所做的那樣。當然，如果做了，中共也面臨「金圓券」[1]的風險。

人算不如天算

如上種種選項，仔細推敲，中共都可能選擇，也很難以從中選擇。不管它怎麼選擇，或不做選擇，其最後結局可能是一致的，就是在劫難逃。通脹和房地產泡沫雙重夾擊之下，一旦流動性短

缺或利率上揚，泡沫破滅對市場的打擊，足以使憤怒的民眾走上街頭。運用貨幣手段抑制通脹，是消極的應對方法；但積極的方法，雖然會根除造成通脹的原因，但也宣告了中共統治經濟基礎的崩潰。難怪智者會說，天意使然，不得不然，天意不可違也。

註 1：金圓券是民國時期中華民國政府在中國大陸發行的一種貨幣。由 1948 年 8
　　　月開始發行，至 1949 年 7 月停止流通，只使用了十個月左右，貶值卻超過
　　　二萬倍。金圓券發行的初期，政府以行政手段強迫民間以黃金、外幣兌換。
　　　由於沒有嚴守發行限額，造成的惡性通脹令民間經濟陷入混亂。特別是城市
　　　的中產階級所受的經濟損失極巨，令國民黨失去原來最重要的支持者，亦是
　　　中華民國政府在國共內戰中迅速失敗的原因之一。

第七章
錢荒能否逼出中國政經改革

中國近來的「錢荒」，還沒怎麼經歷過「逃荒」、沒有度過「荒年」呢，有好事者，就試圖化腐朽為神奇，寄希望與這個錢荒的危機，會成為一個轉機，會帶來「逼使」中國走向金融改革、經濟改革、甚至政治改革的的契機。錢荒能否「逼」出中國的政經改革，不只是錢荒未來的影響的問題，還涉及到錢荒的根源以及中國經濟和中國政府是否有足夠的資源和能力，去解決這個根本性的問題。

中共新領導人的政策框架

錢荒的產生，顯然與中共新領導人的經濟政策框架有關。因為，以前的中共領導人不是沒有目睹錢荒的發生，而是在錢荒剛剛發生、外界還沒有意識到的時候，就悄悄的用巨額資金給填補上了。如今，填補不及，或者是高層有意而為之，或者是高層不得已而為之。不管是有意而為之還是不得已而為之，都揭示了中國金融的危機，已經進入了新的階段。

英國巴克萊資本把中共新領導人的經濟政策框架，歸納為三個關鍵點，亦即「無刺激、去槓桿、和結構改革」。無刺激的方針，最可能是新領導人聰明的自保策略，因為他們顯然在試圖與前任分割，不願意繼承前任江時代、胡時代遺留下來的經濟包袱和爛攤子。

去槓桿的策略，體現在任由錢荒的發生，不立即給予輸血。但顯然，去槓桿的過程進行的不夠徹底，中央最終還是不得不小幅度的出手，小小的挽救了錢荒一把。至於結構改革的藥方，早已經不是什麼新鮮事務了。迷信於自己的控制能力的黨國，仍然天真而固執的認為，他們是可以「管理經濟」、「控制經濟」、和「左右經濟」的，是可以通過政策和策略來升級中國的產業結構的。

所以，在這個政策框架之內，現政權要守成、維持現狀都非常困難，如果寄希望於用它來推動改革，恐怕難上加難。首先，人們需要看看錢荒對財政的影響；然後，還要看看錢荒的危機能否很快結束。

錢荒危及國家和地方財政

中國的「錢荒」會危及中國財政，正如《南方都市報》形容的，看來已成定局，恰如「屋漏偏逢連夜雨」。一旦「錢荒」的問題與季末、財政年度末的結帳、現金核算、理財產品到期、外貿繼續放緩、熱錢繼續外流等等的因素綜合起來的時候，「錢荒」的危機就會放大和加劇，變得更加不可收拾。

中央財政收入會受到錢荒的影響，地方財政收入也會波及。

這對債務纏身、負擔累累的地方政府來說，已經不是連夜下雨的問題，而是像極了山洪和土石流的威脅。因為，一旦錢荒導致房地產市場發生崩盤，地方平臺沒辦法再轉向以信託貸款等方式融資，「新債還舊債」或「債務展期」都不靈了的時候，地方政府將不得不破產。當幾百個、上千個地方政府同時伸手，向中央政府求救、高喊救命的時候，縱使中央政府有心，也無力去救助大面積的地方債違約和地方政府破產。

錢荒的危機尚未結束

中國「錢荒」的風波，是不是像某些論述者認為的，屬於貨幣市場利率層面的東西，是季節性的波動，因而是暫時性的呢？錢荒當然是利率層面的東西，但不太可能是季節性的波動，因為沒有什麼季節性的因素會導致它的發生。中國的錢荒是原本就有、被一直掩蓋的；也是掩蓋不住的時候，會突如其來的。

但即使這些樂觀者也不得不同意，「錢荒」的結構性本質，是毋庸置疑的。而從未來看，同業負債、期限錯配等商業銀行多年來存在的痼疾，不可能立即解決。

中國的金融機構會「吃一塹、長一智」，從這次錢荒中汲取教訓嗎？恐怕不會。中央政府迫於壓力、放鬆流動性的舉動，雖然是小小的數額，但已經發出了明確的訊號：那就是，國有銀行和既得利益集團的要挾、逼宮，是可以奏效的！中央是輸不起的。

中國的金融機構也許會強化流動性的管理，也許會加快理財產品的去槓桿化，也許會更多的投資於實體經濟，也許會清除一些不良的貸款。但這些舉措，人們會很快發現，都太晚、太少、

太不及時，都於事無補了。

如果說，北京領導人這次真的是面對瘦身不成的中國金融系統非常惱火，要給這些國營銀行一個難忘的教訓。這個教訓與其說是讓國有銀行的高管汲取了，不如說是讓中南海自己給汲取了。國有商業銀行在利益面前，在特權的鼓舞下，已經肆無忌憚了。顯然，他們會繼續不遵守官方的指令，還會繼續跟影子銀行系統進行利潤豐厚的地下交易。

錢荒能否推動改革

退一步說，如果錢荒的出現，或者錢荒出現之後中央政府的暫時不作為，確實有「逼出」中國政經改革的意圖的話，中共新政經濟掌門人的舉措，不管是旨在打擊中國經濟中的投機行為，打破金融壟斷和寡頭的恣意妄為，試圖降溫中國的房地產市場、瓦解投機者綁架中國經濟，或甚至試圖建立新的金融秩序，但這些舉措的實施，必將遭到中共自己人內部的強烈反彈。

這些強烈反對的力量，包括中共權貴中壟斷了國有銀行、國有企業的特權階層，包括中共最上層 70 萬最有權勢和財富最龐大的特權家庭，包括占據了中國房地產半壁江山的中央和地方黨官，也包括了從國有銀行低利獲得資金、轉手投入影子銀行、地下銀行、和股市債市的投機商團。這些新權貴的聯合和頑強的抵制，註定會使中共新經濟和政治掌門人手足無措，防不勝防，難以招架。在腐朽的中共體制內部，人們都還記得，「改革者是沒有好下場的。」

因而，紅朝新政也許是在「大刀闊斧」，但他們卻根本無法

「力挽狂瀾」。如果他們能夠從中共自身的體制和邏輯中跳出來、看清局勢，真的背水一戰，他們的同盟軍其實已經有了，只是他們可能沒有意識到。去海外獨立媒體的網站看一看，那些已經脫離中共、與紅朝決裂、立志成為中國人群體中的新人類的人們，已經有1億4千萬之眾。他們，才是擺脫中共舊的體系、重建中國經濟和社會的棟樑。

第八章
影子銀行地方債哪個更致命

與業界朋友閒聊，談及中國的錢荒、房地產泡沫、影子銀行、地方融資平臺，和天量的地方債，有人說起這些問題中，哪個會最先出問題，哪個最可能讓人措手不及，以及哪一個會是最致命的等一堆話題。尤其是，當中國銀監會的主席說，中國地方債和影子銀行的風險「都可控」，就更令人感到狐疑。因為，人們已經從歷史中學到了教訓，就是中共領導人的話，不但是完全不可信的；而且是完全相反、顛倒過來的。

如果地方債和影子銀行的風險失控，哪個會先失控、哪個會造成更大的後果呢？當前中國經濟痼疾重重，但追究一下哪個對中國社會是更危險的，還是很有必要。中國的影子銀行和地方債務之間是什麼關係，也需要人們仔細考察，看看兩者背後，是股什麼樣的力量。

中國百姓的陷阱——影子銀行

所謂「影子銀行」（Shadow Banks），是指在銀行監管之外

的金融體系或準銀行系統、或其他信用中介體系。在西方,「影子銀行」包括投資銀行、對沖基金、貨幣市場基金、債券和保險公司等非銀行金融機構。金融危機以來,隨著華爾街幾家投行的破產,影子銀行的危害也越來越被人們關注,而美國政府的監管,也越趨嚴格。

在中國,影子銀行沒有明確的界定,現在一般指信託、保險、小額貸款、擔保和租賃公司等,也包括地下錢莊、民間借貸和典當行等機構。在缺乏法治和制衡的大環境下,中國的影子銀行注定會成為百姓的陷阱。據銀行監管機構的估計,中國「影子銀行」的資金規模是 8 兆人民幣,而德意志銀行的估計,是 21 兆,相當於中國 GDP 的 40%。更大膽的預測,認為影子銀行的規模有 40 兆,相當於 GDP 的 80%。這意味著,中國真的可以說是幾十個希臘的疊加了。

在當今的中國市場,與正常國家不同,影子銀行是十足的陷阱,三種「銀行」在推銷三類不同的產品,每種都像陷阱一樣,吸收了大量存款。商業銀行面向消費者推銷五花八門的理財產品;影子銀行在推銷信貸、信託產品;地下銀行則向中小企業發放民間的高利貸。值得注意的,是所謂「銀信合作」,其規模很大、涉及的面也較廣。銀行通過銀信合作,將資本移出表外,使帳面的資本要求「減少」,這樣就可以規避準備金計提和資本監管的要求。而這些信託公司的資金,又大量投向各級政府的基建,亦即充滿風險的地方融資平臺。

中國特色的怪胎——融資平臺

中國地方政府的債務，大都來自國有銀行和地方政府的各種「融資平臺」。這個所謂的「融資平臺」，是具有中國特色的怪胎。對正常國家的政府來說，他們的錢或來自稅收，或來自上級的支援，或來自銀行的貸款，通過發放政府債券的融資，沒什麼「融資平臺」這一說。中國從 1994 年開始的這個融資平臺，僅 10 年之間，就生成了一個巨大的、蘊含巨大風險的怪胎，是人類史上罕見的。

「地方融資平臺」又稱「地方城市建設投資公司」，是指地方政府設立的，以土地、稅收、國債為資產的金融公司。它實際上是以前中共地方政府「小金庫」的延伸，是更加公開化、制度化、及資金規模更龐大的「中金庫」、「大金庫」。1994 年中國實施分稅制，中央財力加強，地方財力削弱，而轉移支付制度又不完善，所以就出現了這種平臺。中央拿了錢就不多說話，地方只好自尋出路。這種金融公司，股權歸地方政府，可以吸納各種資金，又可以為地方的基礎建設提供資金，資金的擔保還有財政補貼作為承諾。這是一種「權」和「錢」在無限制、無監管、無民意監督下「完美的」結合，是地方政府土地財政下最直接的生財和搜刮民眾的工具。

地方融資平臺的數量和融資規模，2010 年急遽膨脹。2009 年年中，中國就有 8,000 多家融資平臺，包括縣級政府的近 5,000 家。大部分地方平臺的債務率，亦即貸款債務與地方政府財力的比率，都高達 98%，部分甚至超過 200%，都達到和超過了希臘的水平。

影子銀行和地方債——繩兩端的螞蚱

中國的理財產品、信託產品、地方融資債券，以及各種各樣的金融衍生品，都在一個系統裡打轉，是一根繩子兩端的螞蚱；一損俱損、一榮俱榮。繩子的一端，是貪婪的中共官員，他們可能只占全部人口的 5%；繩子的另一端，是全國的百姓。影子銀行銷售信託產品，購買信託產品的，從人民幣 100 萬起跳，都是社會中上層的人們。國有銀行銷售的理財產品，從 5 萬、10 萬起跳，購買的人們，都是中下層的百姓。

　　從根本上說，中國百姓的存款和積蓄，從國有銀行轉向信託公司，從信託進入影子銀行，再從影子銀行進入地方政府融資平臺，再進入那些讓地方政府官員撈的盆滿、缽滿的基建項目，然後凍結在沒有航班的機場、沒有乘客的高鐵，和沒有人住的鬼城之中。

　　負債率如此之高的影子銀行和地方平臺，注定要破產和破滅。破產的時間，就是中共上層決定撒手不管、或想管但又心有餘而力不足的時候。而這一天，是注定會來到的。據中共自己的統計，約 4 兆的地方融資平臺貸款將在未來 3 年到期，而 2013 年和 2014 年將是還款高峰時刻。國家審計署的信息顯示，約 53% 的地方債將於 2013 年底前到期，不少地方政府債務到期後只能發新債來還舊債。但這樣的話，只在延遲風險，並把風險進一步加大。

　　至於中國的「影子銀行」，其放款量已佔社會融資總量的「半壁江山。」影子銀行破產時，信託大面積違約，會衝擊社會中上層的人們。地方債違約時，必然是地方融資平臺的破產，地方財政不能補貼，土地財政也無能為繼。所以，中南海已經意識到，當前銀行業面臨的三大風險，就是平臺貸款風險、房地產信貸風

險，和「影子銀行」風險。

回到前頭的話題，地方債和影子銀行，哪個會造成更嚴重的後果？這問題還真是蠻難回答。如果一個人病入膏肓，得了一大堆病，什麼癌症、心臟病、高血壓、肺氣腫、黑死病他全都有，你說對這個生命來說，哪個最致命呢？可能哪個都是，可能哪個都不是。最後，可能是一個簡單的感冒，就會要了他的命。到那時，人們可能說他是死於這個病、那個病，也可以說死於併發症，但說是死於感冒發燒，恐怕還是令人難以置信。所以，中南海諸公如今小心翼翼維護著的，正是讓這個病入膏肓的人不要感冒、不要發燒，甚至不要打個小小的噴嚏……

第4部

中國的外匯儲備
vs.貨幣混戰

中國的外匯儲備（存底），在過去的幾十年中，慢慢的從微不足道，增加到幾千億美元，現在又攀升到了 3.5 兆美元。本來，中國人民族性上就願意攢錢，但國家政府如此大規模的累積外匯，在中國大陸的案例之中，實際上是寶島臺灣惹的禍！為什麼呢？就是因為臺灣以前宣傳的「外匯存底世界第一」，刺激了中共，所以他們才瘋狂的出口、創匯、結匯、買匯，累積到了今天的規模。錢少的時候，當然有煩惱；錢多了的時候，還是有煩惱。對國家對個人，其實都是一樣的。中共到底為什麼要這麼狂熱的積累外匯？以後中國的外匯該怎麼辦？

第一章
中國的 3.5 兆美元和馬歇爾計畫

中國的外匯存底，現在已經是 3.5 兆美元的水準。這 3.5 兆是個什麼概念呢，要是分給全中國的老百姓，每人可拿到 2,000 多美元，這倒也是蠻不錯的。幾年前，布希政府給美國人民減稅，每人可以拿回 200 美元，四口之家就有 800 美元，錢不多，但也不無小補，人們可以多上幾次館子。

瞅著那麼多外匯存底在那裡，很多人不免想入非非。小偷小摸之人，竊銖的小盜們，大概沒什麼希望，因為那些錢大都買了美國的公債、歐元的債券、或者換成日元了；竊國的大盜們，或許有些希望，在這多事之秋，能撈就撈，可以為自己和家人準備條後路。

看著這些錢，不光是中國人關心，美國人也緊張。有天參加一個派對，一個美國的公司經理聽說我從中國來，又在學校教書，就把我拉到一邊問，你說中國人為什麼要拿著那麼多我們的錢呢？他幹嘛不多買些我們的東西呢？我去過中國我知道，中國老百姓還是有很多東西需要從美國買的。還有啊，要是中國人哪天突然

瘋狂地拋售美元，我們美元會不會大幅貶值啊？我們去歐洲旅行度假不就更貴了嗎？

　　我趕緊安慰他說，不要緊的，他們如果大舉拋售，美元貶值，他們手裡的錢不也就縮水了嘛，他們應該不會這樣做的。這老兄滿面狐疑的走了，看來還是沒有完全說服他。美國人其實是挺喜歡中國人和中國文化的，也喜歡中國菜，但從骨子裡，美國人對共產黨政權就是不信任。

　　耶魯的傑弗里·加滕（Jeffrey Garten）教授曾經出了個主意，叫做「中國馬歇爾計畫」。計畫說，中國可以從外匯儲備中拿出1,500億美元，設一個捐贈帳戶，以其收益用於支持全球各國反貧困、防治愛滋及開發環保。

　　馬歇爾計畫（Marshall Plan）的大名是歐洲復興計畫（European Recovery Program），是二戰後美國對西歐各國進行經濟援助、協助重建的計畫。計畫於1947年啟動，持續了四年。其間西歐各國通過經合組織（OCED）總共接受了美國130億美元的援助，這相當於今天的1,300億。該計畫使西歐各國在經濟管理上系統地學習了美國的經驗，也使歐洲國家走向了一體化。

　　如果中國實行這個東方的「馬歇爾計畫」，中國該幫助誰呢？鄰居的國家，人均教育經費好像都比中國高；我們自己的環境還沒治理好，下次誰能保證不會再有30萬噸黃沙突然降臨北京城呢？隨著中國「馬歇爾計畫」的推行，中國還需要有可以讓別人學習的管理經驗，這好像就更拿不出手了，總不能把「幾個代表」、「幾要幾不要」之類的推向世界吧。

　　還有呢，「馬歇爾計畫」是杜魯門主義的核心措施，後者是

美國在杜魯門任總統期間形成的對外政策。杜魯門主義認為，在世界上任何地區發生社會主義革命，都會威脅到美國的安全，因此美國要擔當起「世界警察」的責任，防止共產主義在世界任何地方出現。而中國人更熟悉的，則是杜魯門的那句名言：「要把和平演變的希望寄託在中國的第三代、第四代身上。」

如今，隨著九評退黨[1]一天天深入，杜魯門的「和平演變」正在如火如荼的進行。現在這個時候，如果在中國推行杜魯門主義的精髓「馬歇爾計畫」，對中共來說，豈不是捧起了自己的掘墓人了嗎？恐怕難以成行。所以，那 3.5 兆美元怎麼辦呢？再想想辦法吧。

註 1：《九評共產黨》簡稱《九評》，係《大紀元時報》系列評論性文章之集結書，主要是對共產主義和共產黨（尤其是中國共產黨）政治觀及宇宙觀的評價，以及其統治中國大陸期間的歷史事件造成的影響。

第二章
國家外儲是不是人民血汗錢

中國國家外匯管理局當外匯儲備接近 3.2 兆美元之際，通過官方通訊社告訴中國民眾，說這些外匯儲備不是你們的血汗錢，不但不宜直接分給中國民眾，它其實跟老百姓都沒什麼關係，「藏匯於民」的主意是連想都不用去想的。

中國人民如今看來經歷的事情太多，都有點麻木了，不管聽到什麼東西看來都不會感到吃驚。比方這溫州高鐵的動車追尾相撞，事故原因還沒查清，恐怕調查還沒有真正開始呢，這一趟趟列車就繼續開起來了。官方草菅人命、拚命賺錢暫且不提，有些人民也真的敢坐，完全不顧自家性命。換成世界其他國家，都不會出現這樣的事。有時候真是讓人琢磨不透，中土如今到底是怎麼了？

美國有多少外匯儲備

談及外匯儲備，以前有個朋友問及，美國有沒有外匯儲備呀？中國的外匯儲備大部分是美元，那美元是美國自己印的，難道她

不是要印多少就印多少嗎？印它個十兆美元放在那裡，這外匯儲備世界第一的寶座，不就是美國人自己的了嗎？還不用費什麼事。美國人沒有這樣做，是不是因為美國佬太傻氣了一點？

外匯儲備（Foreign exchange reserves）嚴格的說，本來只包括一國央行持有的外國貨幣，但現在的概念中黃金儲備、特別提款權（SDR）、和各國存放在國際貨幣基金（IMF）的頭寸也都包括在裡面了。

美國有沒有外匯儲備呢？有是有的，但不是很多。美國央行的外匯儲備只有 1,400 億美元，其中可兌換的外國貨幣有 480 億美元，還有存放在 IMF 的頭寸 210 億。但嚴格的講，中美兩國實際上是沒辦法去這樣對比的。中國人所稱的外匯，在正常國家的政府和民間看來，沒那麼金貴，就只是外國人的錢而已。需要的時候，任何人、任何公司，想換多少就換多少，想什麼時候兌換就什麼時候兌換。

美國央行可能沒那麼多外匯儲備，但私人銀行、民間儲備可是不少。當然美國政府不會強制結匯，但美國前 50 家銀行的資產總和有 14 兆美元，他們持有的現金儲備如果兌成歐元、日元、加元，你說它算不算「外匯」儲備呢？

中國外管局的無恥

中國國家外匯管理局聲稱，國家外匯儲備是由銀行通過投放基礎貨幣在外匯市場購匯形成的，買入外匯時，已經向原外匯持有人支付了相應的人民幣。也就是說，外匯儲備形成過程中，企業和個人不是把外匯無償交給國家，而是賣給了國家，並獲得了

等值人民幣，這些交易都是出於「等價和自願」的原則，所以中國的外儲不是人民的「血汗錢」。也因此，剝離部分外儲成立主權養老基金、充實社會保障體系，或用於醫療、教育等社會福利，以及將外匯儲備分給人民的建議，都相當於「無償分配使用」外匯儲備，因而是不可能實現的。

更滑稽的是，中國外管局認為「藏匯於民」難以實現，是因為中國企業和個人「結匯意願強烈」，「普遍不願意持有和保留外匯」。如果真是如此，那政府就取消匯兌限制、開放外匯交易，允許人民幣在經常項目和資本項目下自由兌換，那豈不更好？專制者強姦民意的做法，離奇到外人想像不出來他們有多麼可惡；他們自己也在自己的謊言中自我陶醉、變得能夠輕而易舉的自欺、欺人了。

中國外管局的謊言和無恥，其實是整個政權長期謊言的組成部分，它讓人聯想起剝削農民的糧食統購統銷政策。令人遺憾的是，在謊言中沉溺太久的中共官員，已經喪失了講真話的能力。中國外匯儲備的形成，從開始就沾染著人民的血汗；從強制結匯到匯兌限制，直接剝奪了民眾的利益；而央行新增印鈔購買外匯的行為，稀釋了人民幣的購買力、製造了通貨膨脹，又再次侵吞了民眾的權益。

外儲是不是人民血汗

至於外儲是不是人民血汗的問題，國家的外匯儲備在正常社會比如美國看來，真的不能說是人民的「血汗錢」；但在中國這樣一個不正常的社會，還真是人民的血汗堆砌出來的。

　　美國的央行——聯邦儲備銀行，從嚴格意義上說，並不是美國政府的，雖然美國政府（總統和參院）有權任命聯邦儲備銀行系統理事會的七名成員。聯邦儲備銀行在美國各地的 12 個銀行，比如紐約聯邦儲備銀行、芝加哥聯邦儲備銀行、亞特蘭大聯邦儲備銀行等，每一個都是由轄區內的私人銀行擁有的，這些私人銀行共同擁有本區聯邦儲備銀行的股份。當然，並不是每個私人銀行都參股，美國八千多家銀行中，只有三分之一強擁有聯邦儲備銀行的股份。一般來說，任何人只要能籌集幾百萬美元就可以開銀行，當然，你必須接受聯邦儲備銀行的監管。

　　美國聯準會本身，並不喜歡別人說他們是被私人銀行擁有和控制的，他們也不以營利為目的，其最主要的使命是維持美國金融體系的穩定和遏制通脹。他們強調聯準會是美國政府內獨立的機構，公私兼顧，最大權力不在於私人銀行股東，而在於美國聯邦公開市場委員會（FOMC）。

　　所以，美國的國家外匯儲備，雖然不多，但人們只能說它是私人銀行擁有的，不是屬於公眾的。中國的國家外匯儲備，雖然名義上說是全民所有的，但作為「人民公僕」的官僚，居然就敢說它不是民眾的。這樣的外匯儲備，處在這樣一個不正常的社會，不但是人民的血汗堆砌出來的，而且它的數量越大，人民血汗的流失就越大，中國國內的通脹也就越烈，對國民經濟的危害也就越大。

　　所以，中國外管局的表白或失言，借用時下流行的辭彙，實在是不夠給力！

第三章
窮人借錢給富人帶給世界的麻煩

美國公共電視臺（PBS）曾經播出了一個關於世界貨幣、財富的專題報導。報導特別探討了為什麼中國購買大量的美國公債，從而出現人類史上少有的「窮人借錢給富人」的現象。資金從窮國流往富國，在中國和美國的案例中，撰稿人認為其產生的原因是人民幣貶值、中國低價出口。但為什麼這個反常的現象會在當代中國出現，製片人卻沒有給出理由。

美國公債，日本也是很大的一個買主，並且遠在中國之前，在很長時間內就是美國公債的最大買家。日本買美國公債不難理解，因為日本也是發達國家，日本人至少跟美國人一樣有錢，雖然物價比美國高，但日本人儲蓄率比美國要高得多，並且日本國內的利率長期處於低水準、零利率，買利率高出一大截的美國公債自然而然、也合情合理。

中國居民的人均收入不但遠遠低於美國，且只有美國人的十分之一，最近因為連年的通貨膨脹，人們驚奇的發現，中國的物價甚至趕上了美國。使用美元和人民幣的人們知道，十年前中國

的東西便宜，現在美國的東西便宜；不光是歐洲和日本產的東西是這樣，連在中國產的東西也是這樣，美國的產品價格都相對便宜。在中國，從住房、汽車等不動產，到家用電器、電子產品和教育、醫療、衛生服務，再到肉菜蛋奶等食品，其相對於個人收入的百分比換算後的絕對價格，都已全面「趕超」美國。

我們知道，這筆數兆美元的債權和財富，是在江南的紡織女工、東莞的農民工、內地的機械工辛勤工作的基礎上，在全中國人民不得不忍受環境惡化的同時、以及不得不面對通脹壓力的條件下，被強制充當美國人「債主」的結果。

開發中國家的中國成為發達國家美國的債權人，實在難以讓人理解。如果說中國是想要積累代表真正財富的貴金屬，還情有可原，但政府的目的顯然不在於此，貿易出超累計的財富，都押寶押在了美元和外幣資產之上。

清代以前的國際貿易中，貿易的媒介是黃金和白銀；如果有貿易的出超或入超，持有出超的國家會增加黃金、白銀等貴金屬儲備，有入超的國家則會失去這些儲備。

英國人曾辯解說，英國就是因為進口了大量的中國茶葉、瓷器和絲綢，而中國人看得上眼的英國產品有限，使得英國對華貿易入超越來越大，大量白銀流向中國，國庫漸空。於是，英國紳士開始幹起賣鴉片的勾當，最後導致鴉片戰爭。為戰爭辯護的說法當然牽強，但意味深長，從中可看出跨國貿易對財富流動的意義。

紅朝以壓低匯率、限制貨幣兌換、鼓勵出口創匯的手段聚斂財富，從其「改革開放」的初期就開始了。記得「人民幣外匯券」

的人們，不會忘記當年有權使用外匯券的，就是中共的高層、太子黨和外國人。當年的外匯券，就是今天外匯儲備的替代物。外匯券雖然成為歷史，但能隨心所欲動用外匯儲備的特權階層，仍然是紅朝的高層和太子黨。其實，窮人借錢給富人，在中國還有其他表現形式。買房愛國，就是一種要窮人給富人掏錢的呼籲；國有股減持，依舊是一種要窮人給富人補貼的方式。

哈佛大學教授佛格森指出，中國大量的國內儲蓄不追逐高收益的投資，反而大量購買低收益的美國政府債券，這種反常的資金流動難以用追逐利潤的動機來解釋，佛格森只好以一個想像中的「中美經濟聯體怪物」--「Chimerica」來描述。

但是，明晰中美微妙互動的人們知道，紅朝對自由民主的美國又怕又恨。歐巴馬一句，「戰勝法西斯和共產主義」，就足以讓他們好幾天睡不著覺了。說中國政府會白白送錢給準備消滅共產主義的美國，實在是很難說得通。人們正常的推論應該是，這種「窮人借錢給富人」的舉動，一則表明了紅朝根本不代表民眾的利益，是在拿人民的利益收買對手；再者它也同時揭示，自己團夥的利益，一定有其他方式得到了保障。

與中共關係緊密的一批香港富豪，2013 年以來大量拋售在華資產。在中國聲稱要對逃離中國的外資「窮追猛打」的時刻，卻對紅頂商人網開一面，這或許可以給人們一些啟示。沒人相信這些紅頂的或者淡紅、泛紅的商人會唐突行事、撇下他們在中南海的老朋友和這些人的子女於不顧。他們一定會取得默契與共識、利益均沾。而利益不能均沾的，一定是沒有特殊內線的草民、人民。

　　窮人借錢給富人帶給世界的麻煩，一如梁京在自由亞洲電臺指出的，是中國政府送錢到美國，壓低了美國和世界的利率；而如果資本的價格不那麼低，資產價格的泡沫也不會那麼大，世界各國今天陷入的危機也就不會那麼深。這個說法有一定的道理。

　　窮人的錢被剝奪、拿給富人去花，從天理看也是不對的，其中定有巧取豪奪。窮人的財富本來就少，現在被進一步剝奪，剝奪者會造下惡業；富人不行善幫窮人，反而利用剝奪來的財富揮霍、提前消費，也會積下業力。現象的產生，是因為資本操縱者從中斡旋，打亂了財富的流動。而因為道義的缺乏擾亂了財富流動的人、打亂天理的始作俑者，難保不受天理的懲罰。全球金融界的風暴重重，焉知不是這種懲罰的降臨？

第四章
中國何時會拋售美國公債

　　由中共掌控的中國與自由世界，尤其是與美國的對峙，越來越清晰的展現在世人面前。對峙的背後，是社會準則和人權標準的差異。兩個代表了人類社會兩極的社會，同時又是貿易關係緊密、金融紐帶強壯的兩個國家。令許多人不解的是，與美國對峙的中共政權，為什麼全力資敵－－購買天量的美國公債？如果購買是不得已而為，拋售或許可以成為金融武器，那中共會不會啟用、何時會啟用這個「不對稱作戰」或「超限戰」的武器？

中共拋出輿論 試探美國

　　中國媒體曾經報導說，中共準備以其美元外匯儲備為武器，對抗美國就人民幣升值的可能制裁，甚至準備拋售美國債券使美元崩潰。令人驚訝的是，拋出這些威脅的，不是政府官員，而是北京的兩位學者、經濟智囊。

　　中國 3.5 兆美元的外匯儲備中，三分之一為美元資產，若突然大幅拋售，完全可能攪亂世界金融市場、令美元貶值。但這是個

孤注一擲、玉石俱焚的做法。美元貶值使中國產品價格上漲，會促使美國產品進入中國、縮小美國貿易的入超。但美元貶值也會造成中國外匯資產的縮水。對中國來說更致命的，是對美出口會大幅萎縮，使依賴出口的中國經濟受到嚴重打擊。懂經濟的人，都不難看出此舉雙面刃的效果，從而不會輕易做出不負責任的建議。

報導數日之後，中銀官員出面澄清，說兩學者的言論不代表政府的立場。熟悉中國的人都知道，在黨的控制下，是根本沒有所謂的獨立學者的自由意志的，也沒有他們自由談論國事的可能。放出的信號，沒有學者們權衡利弊、兼顧正反兩方面的考量，人們不難看出這場戲的背後，是擅長輿論控制的政府一個試探美國和國際社會的伎倆。

其實，購買或者拋售美國公債，甚至在很大的規模上，美國每天都在做。美國的央行－－聯邦儲備委員會（美聯準會，Fed）更是通過其公開市場委員會（FOMC）購買或者拋售美國公債，以達到調整利率的目的。聯準會買債券時，因減少了債券的供給，會導致利率降低，降低政府借貸的成本；聯準會賣債券時，因增加了債券的供給，利率會上升，會增加政府借貸的成本。

中國持有美國公債的動機

中國拋不拋美國公債，與其購買和持有公債的動機有關。當年開始購買是為了要蓋過臺灣外匯存底高的國際風頭；後來持續購買，是發現了這個攫取國財、變現和累積硬通貨[1]的利器；再後來繼續囤積，則是騎虎難下、欲罷不能的結果。所有這些動機，

或是為一黨謀私，或是短視和對現代金融缺乏認知。拋售之下，損害自身的利益是明擺著的，但打擊敵人的目的能達到嗎？

　　持美國公債最多的，中國之外是日本、英國、石油出口國、加勒比海國家和巴西等。中國惡意拋售時，誰有能力、有意願去購買，去配合中共的敵意手法呢？日本和英國不會，其他國家也不會有這個意願。最後，結局之一是有價無市，甚或無價無市；另一結局是美國人自己買。前一結局意味著金融原子彈成了啞彈；後一結局意味著原子彈落入敵手之中。

　　落入敵手的原子彈會引爆嗎？其實不會。它會像澳洲土著的「回力棒」（boomerang，又譯為飛旋鏢）一樣，回到引爆人手中。這是因為，如果買以前賣給中國的國債，美國當然不會按賣價購買。山姆大叔會在這種供過於求的商品大幅跌價時，才會出手。美國公債的收益率一般在 3% 到 6% 之間，比方說，等價格跌到原來一半時，這時美國用自己印的鈔票「買」回來，等於把原來欠中國的債務減少了一半，還不花一分一厘！

拋售美國公債的後果

　　如果中共試圖使用金融武器，不管奏效與否，向美國宣戰的態勢已經足具，這時美國不會繼續和中國做生意。失去美國訂單，中國生產鞋子、箱包、服裝、家電的上百萬家企業會立即倒閉，數千萬工人會失業，並加入威脅中共「維穩」的大潮。

　　即使從中國自己的角度看，過度購買美國債券，也是短視、不明智的反映。如果美國今天仍然實行黃金本位，中國持有的美元債券可以要求以黃金兌換，囤積外匯還情有可原。但自從 1970

年代黃金匯兌本位制退出歷史舞臺,囤積敵對國家的紙幣,只能表明當權者的愚蠢,表明當政人物的思維還停在 70 年代。當然,中共現在恐怕已經意識到了這一點,只是太晚了點。

再者,美國金融資產國際需求減低,利率上升,從長遠的角度來看,對美國經濟是有好處的。美國經濟陷入困境的主因,是政府和民間舉債過多。而中共在犧牲中國人利益之下極力維持人民幣的低價,累積巨額外匯儲備,又用這些儲備購買美國債券,直接刺激了美國的過度借貸和寅吃卯糧。美元債券貶值,利率升高,會從客觀上遏制美國人寅吃卯糧的惡習,轉向保守、謹慎的社會金融秩序。

總而言之,中國不敢拋售美國公債,是其力不逮而非不願,更是其瞻前顧後而不能。

註 1:硬通貨就是 hard currency,指美元、歐元、日元等,可以自由流通的貨幣,亦即人們願意保有此堅強貨幣。

第五章
中國的國際話語權與定價權

那天與紐約的一位朋友神聊[1]，談及許多在高德大法中修煉之人，近來紛紛披露驚人真相，給世人在危難之際指出生命之道。我說這麼多高人突然出來指點、洩露天機，該不會有什麼玄機吧。朋友的回答意味深遠：缺啥補啥呢。或許真是這樣，如果人缺乏正信，可能就多有加強正信的勸善出現。但真相挑明時，對迷中的世人，卻不盡是好事，因為這可能意味著剩下的機會更少。

中國的國際話語權

世上之事有時就是缺啥補啥。中國輿論和經濟界最近特別熱門的兩個話題，一個是中國的國際話語權，一個是戰略商品的定價權；似乎東土格外缺乏和在意這兩項權力。但這兩項亟需的「補品」，又恰恰是根本不著邊際、也摸不著頭腦的玩意兒。

冰島曾經舉行過一次世界關注的公民投票。以前景氣好時，許多歐洲人在冰島政府擁有的「Landsbanki」銀行開戶。2008年危機來臨時，Landsbanki 倒閉，荷蘭和英國決定為在冰島失去儲蓄的

民眾予以補償，並為此付出 50 億美元。現在兩國希望把錢要回來，其中部分會從銀行清算中得到，但還差 20 億美元。冰島與英荷協商後，決定由政府填補清算不能覆蓋的部分，冰島國會也通過決議，為此開了綠燈。但問題是，冰島總統格理森（Olafur Ragnar Grimsson）拒絕簽署議案。按法律，冰島必須公民投票，來決定是否付錢。20 億美元不算多，但整個冰島呢，只有 32 萬人口。

問題的兩難在於，如果冰島人付錢，每人要背 6 千美元的負擔。如果不付，冰島政府信譽掃地，信評機構會把冰島國債變成垃圾級，政府未來的借貸成本會非常高昂，經濟復甦也會受影響。冰島正申請加入歐盟，歐盟當然不會喜歡賴帳的成員。按草根投票估計，超過三分之二的冰島人準備投反對票。

區區 30 多萬人的國家，也會登上輿論的世界舞臺。媒體或新聞報導、評論有無國際話語權，其實在於報導本身和解讀的能力。人說狗咬人不是新聞，人咬狗才是新聞。一般來說，人口多的地方比方中國，新聞資源肯定多；林子大了，什麼樣的鳥兒都有，什麼事都會發生，新聞就層出不窮。只要沒有新聞封鎖，沒有掩蓋，有足夠的報導，允許獨到的評論，中國的國際話語權自然不在話下。導致中國的國際話語權匱乏的罪魁禍首，其實就是中共的中宣部和新聞署，它們在那裡操控，中國自然也難以產生影響世界的好新聞和足以讓世界聆聽的話語。

戰略商品的定價權

經濟論壇上，許多人探討中國農產品為何在國際市場潰不成軍，覺得是因為中國缺乏「定價權」，亦即人民幣「控制市場價

格的權利」。因為如此定義的「定價權」涉及中國的通脹，就顯得特別重要。人們注意到美元在國際市場所有重要商品標價上獨特的地位，及作為主要結算貨幣的地位，就想當然的認為，一定是美元的「全球定價權」，或美元「對商品價格的全球控制能力」，作為美國霸權的一部分，在對世界經濟起著主導作用。

全球大宗商品如石油、稀有資源和農產品，標價雖然都用美元，但這並不是什麼「定價權」在發生作用。中國人把「定價」和「標價」混為一談，以為什麼東西用美元「標價」，那它一定是由美元來「定價」，也就是由美國來定價了。這種滑稽的臆想和推論，究其原因，是中國輿論封閉、學術自閉、言論不開，以及御用學者誤導的結果。

你並不需要用自己的貨幣定價，才能取得定價權。石油輸出國組織（OPEC）一直用美元定價，雖然它只掌握世界石油 40% 的貿易，但這個卡特爾（Cartel）卻可以極大的影響甚至決定世界油價。有人建議 OPEC 改用其他貨幣如歐元標價，但他們依然採用美元。這當然不是因為 OPEC 的 12 個成員國都特別喜歡美國。實際上，其中頗有立場鮮明的反美國家。這些國家顯然在經濟問題上放下了意識型態，而堅持用美元標價，並在月度石油市場報告中，不忘特別關注美國的庫存。

「定價權」的思維源於政府壟斷，對消費者是有害的。中國商品價格出奇的高，甚至高於發達國家，其原因就是特權的壟斷及貿易壁壘。用什麼貨幣定價，其實不是問題。你願意用貝殼定價都行，只要貝殼可以與美元、英鎊、日元和歐元自由兌換。人民幣可以自由兌換時，就可以用來定價。現在用人民幣定價沒用，

因為定了也是白定，定了的東西，中國政府可以隨意改動，因為匯率是政府控制的。有哪個國家、哪個商家，會把價格建立在別人隨意更動的基礎上呢？

爭取定價權的背後

以本幣作為世界商品的標價，對需要國際承認、渴望國際地位的國家來說，大概和擁有核武器和隱形飛機的誘惑差不多。

俄羅斯試圖推進盧布戰略，以盧布給原油定價，與美元抗衡；蒙古據說也試圖以自己的貨幣圖格里克（Togrog）為其經濟支柱－－羊絨定價。稀土風波後，中國官方和民間也有以人民幣為稀土定價的願望。以盧布定價石油，以圖格里克定價羊絨，或以人民幣定價稀土，其實國際市場都是可以接受的，但必須有些前提。前提之一，是盧布、圖格里克，或人民幣必須可以自由流通和兌換，沒有匯兌限制；前提之二，是這些貨幣必須相對穩定，有經濟實力作後盾，能抵禦金融市場的風波。

以前中俄總理定期會晤時，決定推動擴大雙邊本幣結算範圍，支持人民幣和盧布在兩國銀行間外匯市場掛牌交易，以提高結算效率、減少外匯支出。這一金融合作被視為「中俄聯手、『拋棄』美元」。但除了可以暫時減少雙邊的外匯支出，合作可能註定是短命的。

盧布雖非世界貨幣，但它自 2006 年就可以自由兌換。人民幣僵化的匯兌體制決定了中俄採用本幣結算，實際上是在向易貨貿易[2]的方向退化。隨著人民幣通脹的惡化，俄國必定放棄與人民幣的雙邊本幣結算，轉而要求中國支付美元。屆時，北極熊的蠻橫

和強硬，會再次讓大熊貓措手不及。「中俄聯手」沒戲，「拋棄美元」也不會發生，只要看看中國外匯儲備繼續以美元為主、不含盧布，人們就清楚了。「北極熊」和「大熊貓」翻臉時，雙方都會搶著去繼續擁抱的，一定還是美元。

註1：神聊是一種手機語音聊天APP。

註2：易貨貿易是指在換貨的基礎上，把等值的出口貨物和進口貨物直接結合起來的貿易方式。

第六章
人民幣到底應該是升還是貶

　　互聯網上有則玩笑，說一美國人到中國旅遊，用 10 萬美元兌換了 68 萬人民幣。在中國吃喝玩樂一年，花了 18 萬人民幣。2011年他要回國了，到銀行換錢，因為人民幣兌美元升到 1：5，他用剩下的 50 萬人民幣換了 10 萬美元。等於免費在中國玩了一年，他高高興興的回家了。這個故事挺能說明問題，用生動的例子講述了人民幣升值對美國的好處。可惜故事有些誤導，因為它有沒講完的部分。完整的故事該加上這麼一個結尾：

　　一個中國人也有 68 萬人民幣（10 萬美元），他準備用這錢買車、去美國旅遊。他用 6.8 萬人民幣換了 1 萬美元，剩下 61 萬留著買輛奧迪。在美國逛遊一年，他發現美國同樣的東西比中國要便宜許多，買輛奧迪 A6 只要 4.5 萬美金。2011 年他回國之前，叫家人把 61 萬人民幣也換成美元。因為人民幣兌美元升到 1：5，他換到 12 萬美元，買了奧迪 A6 還剩 7.5 萬美元。一年下來，他車也買了，美國也遊覽過了，還剩了 37 萬人民幣。

　　當然，兩個故事在現實中都不太可能。美國人要把 10 萬美元

換成人民幣，美國政府不管，中國政府會特別歡迎；而中國人要把六、七十萬人民幣換成美元，美國政府仍然不會干涉，但中國政府就不許了。中國人即使有錢，在美國買了汽車也不行，越洋運費不說，還要交 25% 的關稅。故事歸故事，但故事中的道理，對人民幣匯率、購買力和中美物價倒掛[1]，都有直接的意義。

人民幣的外升內貶

多年來人們發現，人民幣對外升值的同時，又對內貶值。中國人民沒有享受到貨幣升值帶來的好處，如國際購買力提高；卻嘗盡了人民幣貶值、通貨膨脹、國內購買力下降的壞處。而對人民幣的外升和內貶，國內外人士不同的解讀，也很值得玩味。

雖然中共極端的不情願，但迫於西方壓力，人民幣還是扭扭捏捏的小幅升值。但與此同時，國內通脹的壓力持續增大，已經出現了負利率的情況，這導致了人民幣對內貶值，出現了「內貶外升」的現象。

人民幣為什麼外升內貶，為什麼處於兩種相反的壓力之下？中國政府說堅持匯率、反對升值的原因是為了就業和經濟穩定，而不是針對通脹和熱錢。海外經濟學家何清漣等人則認為，是因為中國沒有日本那樣的能力，不能同時應對貨幣同時對外升值、對內貶值，因為通貨膨脹、人民幣對內貶值已無法扭轉，所以只有拒絕人民幣對外升值這一條路可走。並且，升值對抑制長期通脹的效益，對中共來說已經於事無補；他們看重的，不是明天會怎樣，而是如何度過眼前的難關。

中國學者承認人民幣對內貶值的原因是流動性過剩，但他們

同時認為，人民幣對美元升值的主因，是美元走軟。另外一種有趣的說法是，人民幣的購買力「內外有別」。官方經濟學家在解釋「內貶外升」時，顯然有昧良心。他們辯稱，今天中國通脹率與匯率的關係，與宏觀經濟理論的描述完全不一。有人認為，除了貨幣制度和匯率政策的問題，貨幣發行太多和資產泡沫，尤其是房地產泡沫，是導致人民幣貶值的原因；民間資本缺乏投資管道，蜂擁炒作房地產，也加劇了人民幣的貶值。

經濟論壇上的網友曾經詰問，海外學者覺得中共治下的中國政經與社會必然崩潰，經濟崩潰時，人民幣首當其衝，肯定會貶得一塌糊塗、變得一錢不值；而在崩潰之前，應該有壞滅的先兆，有貶值的跡象和壓力才對。而於此同時，這些學者怎麼又認為西方要求中國讓人民幣升值是合理、有據的呢？這人民幣到底應該是升值還是貶值，二者既然不能並行不悖，決策者該如何做出選擇？人民幣到底應該是升值還是貶值，升或貶，是或不是，「To be, or not to be」，對這個哈姆雷特式的問題，我們也許需要一個莎士比亞式的回答。

亦升亦降的人民幣

外界認為人民幣應該升值，是因為中國對外貿易的長期出超，也就是出口長期、大幅度的大於進口。因為出口多了，順差加大，中國掙的外匯多了，而生產出口產品的製造商需要支付勞工、房租、水電等成本，需要把更多的外匯換成人民幣，對人民幣的需求因此上升，人民幣自然就會升值。這是純粹從正常的市場經濟、自由貿易的角度看待人民幣應該升值的理由。這也是西方政府官

員和學術界人士的看法，是他們敦促中國政府放手讓人民幣升值的原因。

人民幣該貶值，也有充足的理由。決定人民幣兌換價值的，除了經常性帳戶（進出口）的平衡，還有經濟的健康狀況、貨幣的實際購買力和通貨膨脹程度等因素。通貨膨脹嚴重的經濟體，本幣匯率必定下降。如果中共垮臺或中國經濟的假象被進一步戳穿，人民幣應該會立即大幅度貶值。當人們發現 GDP 增長是因為樓房建了拆、拆了再建，房子沒人買也要拚命漲價，就知道這個經濟有嚴重的問題。2010 年年底從中國大陸來美的公司老總說，在他所在的省會城市，通脹至少是 10%，甚至更高，而不是官方扭扭捏捏的 4%。

外升內貶現象的死穴

人民幣到底是該升值還是貶值呢？升和貶的理由現在都存在，並且同時存在。只要真相被繼續掩蓋，升值的依據就是成立的，雖然中共高層也知道升值的基礎根本就子虛烏有。貶值會何時呢？假象蓋不住，或政治失控時，貶值就會排山倒海般的來臨。升和貶說到底，兩種對立趨勢的因素都具備，這是一個時間和時限的問題，大限和大劫的問題，是真相何時顯現的問題。

外升內貶不是因為人民幣的購買力「內外有別」，而是因為「內外有別」的政策限制了人民幣的購買力，限制了民眾的財富積累。人民幣對外升值，對內也必須升值；如果貨幣對內貶值，比如出現通脹，或利率過低、錢不值錢，那對外也應該貶值。鈔票印得太多，貨幣在國際市場的購買力會降低，對外就會貶值。

誰會要一堆越來越不值錢的紙張呢？如果對外不貶，就會引起硬通貨的外逃。

外升內貶的存在，是由於對內對外存在兩個價格體系。要保持兩個體系，採用限制匯兌、匯率操控、進出口控制，就可以達到目的。當然，限制兌換就可以控制匯率，控制匯率也必須以限制兌換為前提，兩者缺一不可。當限制兌換、外匯囤聚持續進行，濫發鈔票就不可避免。濫印鈔票是一定會出問題的，朝代終結時，人們看到最多的，就是貨幣貶值、鈔票變成廢紙。

外升內貶的結果，是人民的財富被劫。解決的辦法，是廢除貿易和外匯市場的限制性政策。但這兩個政策都是中共的利益所在，是控制經濟的要訣，所以他們是不會放棄的。

註 1：在這裡是指，美國貨品反而比中國貨品便宜。因為，通常來說，窮國貨品應該是相對較便宜的。

第七章
美國對華貿易何以得不償失

戴爾・卡內基（Dale Breckenridge Carnegie）曾說，人類 70% 的煩惱都跟金錢有關，而人們在處理金錢時，卻往往是非常盲目的。我們每個人不妨數一數，一個一個煩惱的過一過，看看是不是七成都跟金錢有關。如果卡內基所說是真的，如果人們能擺脫金錢的桎梏或對金錢的執著，人們 70% 的煩惱就會頓時消失，那倒是蠻好的。

卡內基的高見

其餘 30% 的煩惱呢？卡內基沒說，也不知他是怎麼想的。按佛道兩大家的看法，所有人類煩惱、生老病死的根源和外延，都是名、利、情。如果「利」占 70%，「名」和「情」相關的煩惱，加起來就該占 30%。但如果你問修煉界的人，他們很可能會告訴你，「利」的煩惱反而是較容易去掉的，更難磨去的，是涉及「名」和「情」的煩惱與執著。不管怎麼說，世間之人，至少在向佛修道和不修煉的人之間，看問題的角度和側重點是有些不同的。

　　這個戴爾‧卡內基，可不是那個美國鋼鐵大王卡內基。鋼鐵鉅子的名字是安德魯‧卡內基（Andrew Carnegie），那是上上世紀的人物。戴爾‧卡內基五十年代去世，是美國作家、演說家和教育家。他最有名的著作，是《如何贏得朋友和影響別人》。他的自勵、自助、演講、人際關係、企業培訓的課程，使上百萬人受益。戴爾‧卡內基出身貧窮的美國農民家庭，師範學院畢業後，他賣過培訓課程、豬肉、肥皂和豬大油。和許多優秀的管理學理論和實踐一樣，戴爾‧卡內基培訓課在美國生根，卻在日本結出了豐碩的果實。

　　戴爾‧卡內基的核心論點之一，是如果人們改變對別人的看法和做法，比如改變對別人的反應（reaction）方式，你就有可能改變那個人的行為。這是一個非常偉大的發現，有著很高深的內涵。想想看，人們說相逢一笑泯恩仇，而相逢一怒可能就結下了樑子。許多人都想改變別人，不管你是要改變自己的子女、配偶和家人，還是下屬、同事與朋友，我們發現人都是很難改變的。但如果我們能向內找、首先改變自己，改變自己對別人的看法，改變自己對別人言行的反應，我們可能反而會更容易改變別人。這是不是很奇妙呢？戴爾‧卡內基半個世紀前就看到這一點了。

　　金錢和得失，在個人層面如此，在國家層面，好像也差不了多少。有時看國際雙邊關係、多邊關係，簡直就是人際關係的恩恩怨怨之放大和縮小。按卡內基的論點，對一個國家來說，70%的煩惱是否也跟金錢有關呢？也許還不止70%，應該是90%或更多；國家和政府在處理金錢時，是不是也會同樣的盲目呢，還是更糟？目前發生在中國的金融和信貸問題，發生在歐洲的希臘和

歐盟的金融問題，和美國、日本的財政和支出問題，都在證實著
這一猜測。

美國對華貿易的得失

在中國人討論美國對中國的「經濟侵略」和「資本控制」時，
美國各界也開始反省，美國對華貿易這麼多年來，入超居高不下，
對美國來說這究竟是雙贏還是得不償失？ 2011 年麻省理工學院、
加州大學聖地牙哥分校和馬德里貨幣與金融研究中心的奧特教授
等人合作進行的研究表明，美國的對華貿易可能得不償失。

多年來，有些經濟學家一直對美國人說，對華貿易是利遠大
於弊。但這項研究的發現，證實了許多學術界、企業界、和政界
人士的看法。美國對華貿易給美國造成的破壞，比許多人想像的
要深重得多；而且，這種破壞還不局限於美國民眾，中國民眾也
是受害者。

研究發現，如果把美國各州之下、各個郡縣（county）按製造
商受中國競爭的影響程度分級，會發現受中國影響最大的地區，
不僅會失去更多的製造業就業機會，其整體就業形勢也會下滑。
對華貿易使人們得以購買廉價的中國產品，但受嚴重影響的地區
因製造業就業機會的丟失，使更多的人必須領取失業保險、食品
券和殘疾補貼。因此，研究的計算得出，政府支出的增加給經濟
帶來的損失，占對華貿易收益的三到六成。也就是說，對華貿易
對美國的好處，相當大一部分都被抵消了。上世紀 90 年代的一項
研究曾顯示，對華貿易對美國勞動力市場的衝擊很小。但十幾年
過去，情況卻發生了非常大的變化。

不公平貿易危害兩國

　　美國對華貿易得不償失，學術界的研究初步證實，對美國政府和民間都有強大的衝擊。中國政府即使有心去辯解，恐怕也很難做到，因為不公平貿易的結果明顯的擺在世人面前：那就是中國囤聚的 3.5 兆美元外匯儲備。3.5 兆美元中，超過一半是由於對美國的貿易出超，其他主要是因為對歐洲和日本的出超。也就是說，歐洲人可能很快也會得出同樣結論，與中國的貿易得不償失，是在損害歐洲自己的就業和政府支出。

　　這種不公平貿易對中美兩國的民眾，其實都是弊大於利。如果這些累計的出超不存在，而是用於正常貿易，用於購買上兆美元的產品和服務，它對美國的益處是直接的，因為會在美國製造數以百萬計的就業機會。這樣做的結果，對中國人民也是有益的，因為這會降低中國普遍的物價水準，會使那些中國人喜愛的美國產品更加便宜，會使人民幣相對美元更加堅挺。本來這樣對中美兩國都有益、雙贏的局面，為什麼沒有發生呢？反而在中美兩個本來極其具有互補性的國家之間，造成了如此巨大的「雙輸」局面？因為這對中共是不利的，這不利於他們的財富攫取，所以它沒有發生。

　　奧特等人的這項研究還處在同行審議之中，如果最終成果得到承認，研究結論對美國政府、民間、輿論和企業的衝擊，將會相當巨大。其在政治上的影響力，更是不可小覷，相信會成為美國政治中強有力的武器。

第 5 部

中國經濟如何走向崩潰

中共的財富，赤龍的錢囊，成了世人關注的
焦點。赤龍的錢囊究竟有多深、有多牢固、
會不會破、什麼時候破呢？中共垮臺，會不
會從錢上開始呢？

第一章

世界經濟危機的終極根源

英國《經濟學人》雜誌（The Economist）曾經有期封面文章〈亞洲的震驚〉，談世界經濟危機中亞洲國家的困境。文章說，亞洲人抱怨說西方的國際化把他們拖下了水，使之依賴於滿足西方消費者胃口、以出口為導向的政策，現在卻又被出賣了；「亞洲窮人辛苦工作的儲蓄，養活了『敗家子』式的西方『大少爺』（spendthrift）。」而這個能幫政府擺脫經濟失職責任的理論，《經濟學人》認為，在亞洲被廣泛接受。

經濟危機中 馬克思幽靈復活

世界金融和經濟危機開始以來，全世界人們都在紛紛探源。人們詢問危機的根源究竟為何？世界的財富哪裡去了？在互相指責、互相盤詰時，人們也在捫心自問，我們世界的麻煩，究竟應該怨誰？

與東西方許多人士的猜測相反，世界經濟危機的最根本原因，不是自由經濟體系下的資本主義，而是共產主義思潮及其氾濫在

世間的殘餘。如果借用法國人諾查丹瑪斯幾百年前的話，這個叫「馬爾斯」的共產幽靈至今不死，其餘孽仍然在世界徘徊。我們不妨從美國、中國、和歐洲的角度審視這一現象。

在美國，經濟衰退始於股市滑落、金融市場崩潰；而華爾街破產的原因是房地產泡沫破滅、次級房貸問題、違約率上升。再往回追溯，什麼造成了信貸氾濫、壞帳連連呢？次級房貸中，本來沒有能力購買不動產的人們，買了幾千尺的大房子；本來沒有借債還錢的習慣、信用不良、應該借不到錢的人們，借了其年薪三倍、四倍的錢。「透支消費」、「寅吃卯糧」之中，房價得到膨脹，市場變得「繁榮」。

而製造這個虛假繁榮的，正是柯林頓時代民主黨的政策：人們為提高住房擁有率的結果，從本質上說是劫富濟貧、實施共產主義。最近有人說，美國在走向社會主義，或者在變成一個「社會－資本主義」國家，其中所體現的，就是這種共產因素的作用。

在中國，中共治下的社會從來就沒有真正實行自由體制下的資本主義。人們看到的是裙帶資本主義，看到的是資本主義醜陋、惡劣的一面，而完全沒有資本主義公平競爭、言論自由、法律保障等正面的內容。中共及其特權階層在大肆掠奪國民財富時，以出口為導向，壓制進口，囤積外匯儲備，強迫中國人「窮人借錢給富人」，直接助長了美國房地產市場的畸形發展，使得兩房等壞帳和爛帳的負擔直接落到了中國人的頭上。

在歐洲，高福利、社會主義的政策一直是社會發展的阻力。最近，馬克思的幽靈復活，英國廣播公司（BBC）報導說，馬克思的觀點因金融危機再度流行，《資本論》一書在德國的銷量突

然增加，日本根據《資本論》改編的漫畫也炙手可熱。英國某專欄作家甚至說，應該「斃了銀行家，將銀行收歸國有，因為沒有什麼更能賺得人心的政策，英國還可能藉此擺脫混亂。」

銀行家如果犯罪，當然應該被判刑，但銀行收歸國有則不可取。諾查丹瑪斯早就預言過了，在他那篇預言中共迫害法輪功的部分提到，「馬爾斯統治天下」，說的也是這個意思。所以說，危害的根本，實際上是馬克思的共產主義學說。就像在中國大陸民國政府因為內外交困、難於應付共產黨的挑戰時，共產主義的理念在社會危機重重之中廣泛流行；今天國際社會的經濟危機，也帶來了共產主義餘孽在世界範圍的抬頭。

藉由共產主義帶來的危機 清除其餘孽

但越是在危機之中，越需要人們有清醒的頭腦。「馬克思主義」的復甦雖然可能是經濟危機的副產品，但人們不能忘記信貸供應及經濟集權化的災難性後果。共產主義不管它怎樣說的冠冕堂皇、怎樣要實現社會公平、怎樣蠱惑人心，其本質是在人的社會建立高於人間的制度。而在人心的執著、貪慾和嫉恨、道德不古的社會要強行實施共產主義的時候，其實現只能以暴力和謊言作為手段。而最後，正如共產主義一百年的實踐所證明的，人們只會離公平、正義的社會更加遙遠。

人們也驚歎經濟危機中，道德敗壞的因素。而共產主義對道德的危害，尤其是其在中國摧毀宗教信仰、破壞傳統文化方面的危害，眾所周知。在西方，共產主義無神論也在摧毀社會道德。馬多夫之流的人，可能是猶太人、基督徒，但他們顯然不記得舊

約的記載、神的教誨，也根本就不信神了，所以才做出那些傷天害理的事。破壞正信、傳播無神論，共產主義者就是其始作俑者和大力推動者。

目前中共政權岌岌可危，幾乎可以斷定它會因為這場經濟危機而覆亡。而中共一旦覆滅，北韓、古巴、越南幾個陪襯的小兄弟也一定會隨之而去。有趣的是，人類有希望通過這場因共產主義而來的危機，得以清除共產主義的最後影響，而迎接一個沒有共產主義血腥的社會。

所以，世界經濟危機的終極根源，從根本上說，就是共產主義餘孽的最後作亂和反撲；而解決世界經濟危機的終極方法，就是從根本上剷除其禍亂人世的最後餘孽。

第二章

法國大革命的經濟危機今譯

　　中共政治局新任常委王岐山曾多次推薦關於 18 世紀法國大革命的經典著作《舊制度與大革命》，引發外界議論。認為這標誌著中共領導人也不得不默認，中國瀰漫著「革命」的氛圍。中共在海外的媒體也承認，該書內容與當下中國具有高度的相關性：中國社會的處境與法國大革命的前期，頗有相似之處；當代中國人的思維與大革命前的法國人民一樣，有許多共同點，自身權利意識在覺醒，對專制、特權和腐敗也深惡痛絕。

法國革命始於繁榮時代

　　法國大革命（1789 年~1799 年）之際，貴族和宗教的特權受到自由主義的政治組織及上街抗議民眾的強烈衝擊，傳統觀念被三權分立等民主思想所取代。法國大革命與中國的共產主義革命不一樣；不是在內部動亂、外敵入侵和社會貧窮的時刻產生的。它是在路易十六王朝，法國舊的制度中最繁榮的時代開始的。它發生在經濟上升並帶來社會的兩極分化之後，這也非常類似於中

國目前的局勢。中國古人「不患寡、患不均」的智慧，在此有充分的體現。

　　法國的路易十六王朝，哪怕是最輕微的批評都會令他們害怕得整日惶惶不安、風聲鶴唳、草木皆兵。這也跟中國當前社會箝制言論、控制互聯網、敏感時刻限賣菜刀'有異曲同工之妙。法國大革命前夕的經濟形勢，更是與中國目前的經濟形勢有著驚人的相似。而路易十六面臨的經濟危機，則是導致法國大革命發生的直接原因。

路易十六的經濟危機

　　1788 年，法國連續出現旱災、雹災和嚴寒，農業歉收導致大革命前夕麵包價格大幅上漲 50%。18 世紀還是法國通貨膨脹日益惡化的時代，通脹使得社會購買力急速下降，國內設置的關卡、貿易壁壘限制了法國國內的經貿活動。當年，法國窮人家庭收入的一半都花在麵包上。到大革命開始時，這些家庭收入的 80% 都要用來買麵包。法國社會商品滯銷，農民大量湧入城市，城市失業率攀高，社會局勢動盪不安。

　　法國從路易十五時代開始的大量軍事開支，法國所參與的七年戰爭和美國獨立戰爭，都使政府債臺高築，國家財政無法負擔，不合理的稅制更是雪上加霜。為了支付到期的債款和利息，政府不得不舉借新債，從而使國家財政陷入惡性循環，陷入嚴重的信貸危機。法國當時還盛行賣官，貴族頭銜可以買賣，並且封爵的價錢越來越高。從 1700 年到 1789 年，法國就增加了約 5 萬新的貴族。

沒落的舊貴族和崛起的新貴族之間矛盾很大，貴族大量投資並壟斷了商業、房地產和礦業，平民和貴族間的衝突日益嚴重。稅制的不公，體現在貴族和神職人員享受著許多稅務豁免。當時為提高稅收，政府推出了新稅法，包括地價稅，它直接導致了社會矛盾的激化。

對比中國的經濟危機

路易十六面臨的經濟危機，與中共目前面臨的危機，從危機的發生原因及其表現形式來看，兩者都有驚人的相似之處。

中國當前的通脹也在日益惡化，社會購買力急速下降。中國國內各省區之間的關卡和貿易壁壘，嚴重限制了國內的經貿。當年法國窮人家庭收入的一半花在麵包上。今天中國低收入民眾收入的一半，也花在食品上。為支付到期的債務和利息，法國政府大舉借債。目前中國也出現了財政危機，各級政府債務總額驚人，中央和地方免債談判破滅，國家財政陷入危機。

中國社會的商品滯銷、產能過剩，與當年的法國如出一轍。中國農民也在大量湧入城市，推高城市的失業率（雖然中共並不報導）。但中國每年 18~20 萬起的大規模群體抗暴事件，比起法國有過之而無不及。

中共加強軍備的努力，類似於路易十五的窮兵黷武。如果釣魚島和南海爭端演變成戰爭，就更類似法國參加的七年戰爭和美國獨立戰爭。路易十五販賣貴族頭銜，中共政治局常委販賣省部級的官位。中共最上層的 200 家族，也跟法國貴族一樣壟斷了商業、房地產和礦業，再額外加上金融、能源、交通和通訊等產業。

法國和中國的等級制度

18 世紀的法國，有三級的等級制度。第一等級（1st Estate）是王室和天主教教士，第二等級（2nd Estate）是貴族，兩者是居於統治地位的特權階級。處於被統治地位的第三等級（3rd Estate）則包括新興的資產階級、農民和城市平民。

相比之下，中共的統治和既得利益集團無疑是中國的第一等級；中國的第二等級應該算是新興的壟斷資本家、裙帶關係體系內的人們和依附於中共的知識分子；中國的城市平民、農民、農民工等，相當於被統治的第三等級。法國當時第一、第二兩個等級的人數不過 20 多萬，只占全國總人口的 2~3%。在當今中國，如果中共統治集團也占總人口 2~3% 的話，那就是 2,000~4,000 萬人，亦即中共黨員數目的一半。

1789 年 5 月，路易十六企圖向第三等級人民徵收新稅，巴黎人 7 月起義攻佔巴黎市中心的巴士底監獄，法國大革命正式爆發。中國的「巴士底」不在北京，秦城監獄²也算不上，它應該是遍佈各地的勞教所、洗腦班和勞改營。

中共領導人的哀嘆

中國社會醞釀著法國大革命前的風暴，政治局常委傳看《舊制度與大革命》，世界各國的電影院也同時演著法國大革命時期雨果的名著《悲慘世界》（les miserables，又譯孤星淚）。歷史怎麼就這麼趕巧呢？不信命運的人，只會驚訝於事件發生時機上的「巧合」；相信天命的人，面對天理安排的玄妙，露出會心的微笑。

《悲慘世界》裡的尚萬強（Jean Valjean，又譯冉・阿讓）是犯人第 24601 號。電影裡，國王的軍隊問傢具堆成堡壘的街頭反抗者是什麼人，答曰：「法國大革命」。看到巴黎人呼喊：「這一天會來的」、「再堅持一天」，人們不禁會聯想起廣州東莞和深圳的街頭抗爭。

21 世紀中國局勢和 18 世紀法國局勢最大的共同點，是善良的人們在遭罪；而悲慘世界的格局，則必須結束。國王的警長說尚萬強一朝是小偷，將永遠是小偷。但尚萬強革心洗面、以德報怨，讓警長無地自容，投身塞納河。電影的核心，是「善」的勝利；人們由「恨」變「善」，來結束世界的悲慘。尚萬強本人，也在悔罪和救贖中，最後對神發出「帶我回家」的請求。

提出「吾日三省吾身」的曾子（曾參）說，「鳥之將死，其鳴也哀；人之將死，其言也善。」鳥類要死前，聲音是哀慟的；而人將死時，說話是真誠的。紅朝高官對中共命運的哀嘆，是真誠的嗎？但願如此！

註 1：中國大陸個別城市買菜刀要求實名制。

註 2：秦城監獄位於中國北京，以關押中共高幹著稱。

第三章
壓垮駱駝還會需要幾根稻草

2009 年，六四屠殺 20 週年，美國加州大學爾灣分校商學院的教授彼得・那法若（Peter Navarro）及其合作夥伴、網路公司創辦人安一鳴（Greg Autry）推出他們的新作《Death by China》（中譯本名為：《致命中國》）。那法若的專長是對商業環境和金融市場的宏觀分析。

致命中國

那法若和安一鳴的搭檔，華人社會並不陌生，他們此前的作品包括《即將來臨的中國戰爭》（The Coming China Wars）。網路上的新老五毛黨，也早就開始對那法若的連番攻擊，說他在鼓吹中美直接的軍事衝突。但這些五毛黨徒們也不得不指出，那法若在警告中共窮兵黷武、威脅世界和平的同時，也向中國政府提出了避免戰爭的建議。

那法若認為，如果中國可以做一件事來推遲戰爭的話，那就是宣佈在未來二、三年內實行人民幣匯率的自由浮動。這個建議

不管從哪個角度看，都算不上有什麼過分，也不像一個「反華分子」會給出的主意。實際上，對在通貨飛脹的壓力下苦苦掙扎的中國民眾，這是一劑良藥。可惜的是，中共不大會採用，也沒有採用的動機。

《致命中國》從內容看，西方對中共本質的認識有了新的突破，他們已經開始意識到，中共對本國民眾的危害和威脅，已經延伸到了國際社會；中共不僅給中國人民帶來死亡和滅亡，中國也給世界帶來了滅亡，現在是世界各國必須有所做為的時候了。

死亡被帶向世界

該書徹底顛覆了所謂的「中國奇蹟」，把以往咸認走向現代化的中國，因為融合了資本主義和自由社會的理念，會向政治改革邁進，會推動全球經濟增長這一幻想，給無情的撕裂了。作者認為，強勢、富有及腐敗的中共，夾帶民族主義的狂熱，會對世界和平、繁榮和健康帶來自納粹以來最嚴重的威脅。

那法若的論據人們已經耳熟能詳，中國已成為世上最大的盜版國。盜版從來都有，在許多國家都有，但如此大規模由政府主導、支持的國家級盜版，則是前所未有。資本主義的發達，建立在自由企業制度和智慧產權的保護，如果人人看見蘋果的 iPod 好賣，就可以群起仿造而不受制裁，那真正的蘋果公司必然破產。人們發現，中國的盜版和仿冒已經把從 A 到 Z 字母表上所有的產品都囊括了，從空調、汽車、剎車片，到好萊塢電影、電冰箱和西藥。西方人驚呼，假藥是會害死人的，但這並沒有妨礙中國的假冒產品源源不斷。

中國還是世界上污染最重的國家,地球上最骯髒的20個城市,16個在中國。污染並不像毒米、毒酒、假雞蛋、假銀魚那樣只限於在中國境內橫行,它會蔓延到中國之外。美國人苦笑說,美國污染最嚴重的洛杉磯跟中國城市比起來,幾乎像是瑞士的鄉村。中國沙塵已經越過蒙古沙漠進入韓國和日本,中國煙霧已經匯入大氣環流,進入洛杉磯和溫哥華。

《中國的不良製造》(Poorly Made in China)之作者保羅．米德勒(Paul Midler)認為,美國正在種下自我毀滅的種子。聯邦眾議員羅拉巴克(Dana Rohrabacher)說,這本書詳盡展示了中國對美國迫在眉睫的威脅,中國的「和平崛起」根本就子虛烏有。MSNBC評論說,該書是正射向北京的一發強力子彈。美國海軍陸戰隊的少將說,他一直擔心中國對美國和盟國的軍事挑戰,西方每個政治領導人都該讀讀這本書。

那法若的分析有警世的作用,但它有點像美國的左派知識分子,沒有看出前蘇聯和東歐在美麗的光環之下,雖然威脅力巨大,但同時也處在強弩之末、崩潰之時。三退已經突破1億4千萬之際,中國對外威脅的聲勢,其實和中共向內潰敗的趨勢,是同時存在的。在紅朝嚴防臨界點、民間等待導火線的時刻,人們驚奇的發現,有毒食品和特供[1],可能是壓垮駱駝的最後一根稻草。

特供範圍擴大 改革更難

中國大躍進大面積餓死人時,正是「幹部特供制度」方興未艾之日。特供是公然的歧視,是赤裸裸的歧視。這實際上是共產黨在明確的告訴中國人,你們不是人,你們不配,你們是下等人,

你們是等外的人。享受特供和得不到特供的區別，就是官位，是一個人是否屬於權貴階層。特權在號稱「為人民服務」的國度大行其道，是絕妙的諷刺。正常社會官員討好選民還來不及，哪裡敢搞特供？又哪裡有錢去搞特供？

2011 年中國民眾對故宮可能會建頂級的富豪會所感到憤怒，如果這種憤怒是有理由的話，其實人們忘記了，中南海同樣是皇家的園林和居所，而一個叛亂團體已經在裡面無償居住 60 年了。所以網友說，等天安門城樓都整成會所時，某些人的日子就到頭了。

「特供」原來局限在最高層，中國人民也比較厚道、給以充分的「理解」。人們覺得，相當於過去皇上級別的人，這點優惠算不上什麼。尤其是當御用文人時不時的拋出「帶補丁的睡袍」、「把紅燒肉給戒了」等關於領袖的傳奇時，這種特權並沒有激起太大的民憤。但今天，不僅中央有無毒的特供綠色食品，上行下效，下屬部門如北京海關也有自己的蔬菜基地，各級政府也有。特供的特權已經從一品官延伸到了五品、七品、也許已經到了九品。官員享受特供時，會更加珍惜自己的權力，也更加不願意放棄權力，因為特供的食品是要一直吃到死的，沒人願意在生活質量上走下坡路。紅朝沒有道德的勇氣，也沒有意願取消特供的特權，他們也不會把特供級食品的衛生和安全讓全體中國人享用。

特供實在是太可鄙、太腐敗，也太貼近人們心中最敏感的部位。對於「以食為天」的中國人來說，這分明是天塌下來了。觀察家們也奇怪，中共當局居然愚蠢到允許這樣的事情發生，讓人民吃飯問題的一片天塌下來，可不是好玩的事。特供會引發中共

統治的危機嗎？中國人政治、信仰權力缺乏，甚至房子不夠住，都還罷了，至少還有「吃」的樂趣。但現在連吃口沒有毒素、乾淨食品的權力都沒了，惱怒的心理當然可以理解。特供在這時延伸到中下級官員，無疑火上澆油，「不患寡、患不均」的思想也難以壓制。

壓垮一隻駱駝，只需要幾根稻草；特供，也許是最後的一根。

註1：為特別階級、領導高層供應的某些產品。食品中的特供更突顯了中國現代食品安全不受上級關注的現況。

第四章

經濟崩潰作為一種解脫方案

2012 年新華社「闢謠」，說中國「不會爆發經濟危機」。「闢謠」者澄清已經發生的事件，稱謠言所述不實，那才是「闢謠」的本意。如果事件還沒有發生，或正在發生，「謠言」所指還沒有實現，又有什麼可「闢」的呢？這才叫對號入座、不打自招。如果沒記錯的話，這是中共頂級喉舌有史以來第一次做出這樣的聲明。正像紅朝屢次「闢謠」都被以後的事實所戳破、反證一樣，這個破天荒的舉動本身，已經發出了再明確不過的信號，那就是中國經濟一定是陷入了極度的危機之中。

中共政壇各派似乎在爭議，看要把經濟崩潰的罪責推在什麼人的身上。推在什麼人身上，都無濟於事，因為中共做為一個統治和利益集團的整體，必須為此全面負責。中國現在的問題在於，中共在經濟上的欺騙和掩蓋會持續多久，中國經濟真相會在政治和統治真相曝光之前、還是之後，方為世人所知。也許，等中共垮臺之後，中國經濟的真相才會被揭示出來；也許，哪天中共總理級的人物良心受不了了、或良心發現了，人們會因而得知真相，

知道中國經濟的家底，被紅朝特權掏空了多少。

國家經濟的崩潰

國家經濟的崩潰，雖然很令人沮喪，但它不可避免，也經常發生。希臘和西班牙，目前都處於近乎崩潰的狀態。但經濟崩潰從另外一個角度看，其實也是一種解脫的辦法，它可以化解許多造成經濟危機的初始問題，和那些糾結不清的沉痾。

國家經濟崩潰的經典案例，是南太平洋的島國諾魯（Nauru，又譯為瑙魯）。諾魯曾在兩岸之間左右逢源、兩面通吃。它本來與臺灣有外交關係，2002 年拿到 1 億 3,000 萬美元，就與中國大陸建交了。臺灣兩天後就與之斷交，但 2005 年又恢復邦交。中國則在諾魯與臺灣復交兩個星期之後斷交。但即使斷交，中國仍在諾魯保留了辦事處。做為世界上最小的共和國，諾魯經濟最慘淡時，國家航空公司唯一的一架波音飛機，居然被澳洲墨爾本的一個法庭給扣押了，結果島國與外界的交通因此中斷。諾魯原來富產磷礦，露天開採的磷礦資源枯竭後，管理不善加之負債纍纍，國家財政崩潰，竟喪失了礦產抵押的贖回權。

七十年代的中國經濟崩潰

所謂「經濟崩潰」（economic collapse），是指國家經濟受損，發生嚴重的經濟危機，社會處於混亂和癱瘓狀態。經濟崩潰的主要標誌，包括生產全面下降，經濟產值大幅度減低；企業大批倒閉破產，失業率大幅上升，長期失業導致人們普遍陷入貧困；通脹居高不下，出現惡性通脹，物價上漲在 15％ ~20％以上；政府

入不敷出，出現巨額赤字，必須靠增發巨額鈔票來應付；以及金融體系崩潰，銀行因壞帳和擠兌出現倒閉。

上述崩潰的標誌，在中國如今已經浮現或正一步步展現。中國 GDP 扣除中共虛報的因素並用真實的通脹率加以調整，已經在負的區間之內；中國企業的倒閉潮，已經在長三角、珠三角全面鋪開，企業裁員只是因為中央的勒令，不得不推遲到十八大之後；中國的通脹，2012 年就進入了兩位數的水準；地方政府入不敷出，許多靠銀行貸款發工資，靠最後一把大面積賣地來維持資金周轉；人民幣大面額鈔票雖然還沒出籠，相信已經印刷完畢；隨著房地產泡沫的破滅，銀行的破產也指日可待。

此前，中國經濟也出現過崩潰，比如文革期間的經濟崩潰。只不過，中共從來沒承認它是經濟崩潰，而只認為是一次政策失誤，向中國人洗腦宣傳，說是政治上的「十年浩劫」。在經濟上，中共只含混的說，文革把國民經濟帶到了「崩潰的邊緣」。

七十年代的崩潰，被中共用高壓的政治手段給解決了。蘇共在五十年代的大規模墾荒中，動員了數十萬城市青年移民墾荒。此舉為中共所用，上世紀六、七十年代，毛澤東發起了大規模的「知識青年上山下鄉」運動，強迫大量城市「知識青年」離開城市，在農村勞動、定居。文革期間工廠停工，城市裡無法安置連續3屆、2,000 多萬的畢業生，並解決他們的就業問題。

「上山下鄉」在知青大規模抗爭之下，於 1978 年終止。今天也有「知青」，不是當年的高中畢業生，而是每年六、七百萬的大學畢業生。中共即使有心，今天也無力把這些年輕人趕到鄉下去了。

經濟崩潰和以物易物

　　許多人擔心，認為經濟一旦崩潰，會回到「以物易物」的社會。希臘和西班牙的衰退之中，確實出現許多以物易物的例子。希臘海濱城市沃洛斯，就出現了以物易物的交易網，交易網使用虛擬貨幣和替代貨幣，讓使用者購買商品和服務。但大規模、全國範圍的以物易物，還不一定會發生，因為以物易物效率太低、太不方便。比方說，大學教授要以物易物養家餬口，就必須同時找到子女需要接受高等教育的糧農、菜農、果農、屠夫、電工、木工、泥瓦工、運輸工等幾十個人進行物物交換，才能通過以物易物的方式生存下去。

　　雖然「以物易物」不太可行，但如果貨幣體系也隨經濟一起崩潰，「代幣」的出現則不可避免，黃金白銀也會回來。「代幣」可以是其它國家的貨幣，也可能是某些稀有、公認的商品或物品，比如糧食。

　　聯合國不久前就世界糧食問題召開緊急會議，以應付因為美國中西部旱災、世界各地蟲害等導致的糧價上漲。如果世界糧食真的出現問題，糧食就有可能成為「代幣」。中國古代，官員薪水就是用多少多少「石」的糧食體現的。

經濟崩潰做為解脫之道

　　人們一般認為「經濟崩潰」是件很可怕的事，好像天要塌下來了似的，其實它沒那麼可怕。政權往往會因為經濟崩潰而垮臺，但國家和民族抵禦經濟危機的能力是相當強的。經濟危機來襲時，

人們其實也沒什麼辦法，只能勒緊褲腰帶，過苦日子度過危機。

正如人體的規律是新陳代謝，舊的、不好的東西軀體會自然排斥、排泄掉，現存宇宙的定律，也是「成、住、壞、滅、空」。壞、滅後成為空的崩潰，也是一種解決方案，雖然不是所有的人都喜歡，但可能是最後、最迫不得已的方案。如果是因為中共的集權導致了經濟的危機，崩潰會導致社會重新洗牌，財富重新分配，黨產回歸人民，貧富懸殊消除，人們可以從頭做起，重建家園。

中共怕提崩潰，是害怕經濟崩潰會導致政權崩潰。但中共政權如果不崩潰，反而會導致經濟必然崩潰。事實上，如果中共政權提前解體崩潰，將經濟崩潰的背後因素隨之解體，中國經濟可能會避免更大範圍的崩潰和損害。

中共呢，準確地說，比一般政權更渴望恢復經濟，因為這是其統治合法性的最後基礎。但最後，可憐的中共會發現，正是它極力挽救、預防經濟崩潰的舉措，加速了崩潰的到來。

第五章
中央經濟工作會議內訌之兆

中國的執政當局，如今已成為世界歷史上的奇觀；全世界的人們都帶著驚訝、好奇、鄙視、或些許巴結的混合心態，在與中共政權打交道。說驚訝，是因為近年來中南海政局變幻莫測，人們不知道下一個跑到外國大使館的，會是什麼級別的人物；說好奇，是因為人們很難相信這麼大一個國家、這麼多人口，一旦發生變革，會是什麼樣的結局；說鄙視，是因為聰明無比、文化悠久的中國人，居然由這麼殘暴嗜血的政府統治，十幾億人被道德低下的權貴折騰的沒有最起碼的人權；有的政府和商人還有巴結的心態，是因為看上的是中國的市場和新富們的錢袋。

中央經濟工作會議

中共的「中央經濟工作會議」，是每年級別最高的經濟工作會議。按理說，是判斷國家當前的經濟形勢，總結上一年的經濟工作，制定宏觀經濟的發展規劃，部署來年的經濟工作，為來年的宏觀經濟政策定調，它由中共中央和國務院主持召開。

頗為滑稽的是，據說會議召開之前，中共的「中央領導同志們」都要花費「一個月以上的時間」，深入全國各地「進行調查研究」，「研究經濟政策」。好像這些聰明絕頂的大佬們每年臘月調研它一個月，他們就能知道中國經濟的真相，也就有能力做出最好的決策了。治國若此，真是中國人的悲哀。

還有，參加中央經濟工作會議的人員，據說除了黨中央、國務院的，還包括人大、政協的官員和各省、自治區、直轄市的負責人，及中央和國家機關的負責人。這些人參加會議可以理解，因為他們多少也算是與國家的經濟決策和政策的執行有關。但參加這個「中央經濟工作會議」的，居然還有各大軍區、各軍兵種、各大軍事單位的主要負責人，這也算天下奇觀。讓美國五角大樓的高級將領（Top Brass）出席經濟會議，想都不能想像。軍人不好好練兵、備戰，參加經濟工作會議作啥？所以，中共的這個會議，讓人感覺不像是什麼經濟研究和決策的會議，而更像是一個分贓、分成、劃分勢力範圍的會議。

經濟工作會議的內訌

中共作為一個獨裁政權，如今，已經難以找到一個明確的獨裁者了。也正因如此，群龍無首，內部的派系鬥爭更加劇烈、更趨於白熱化。從 2012 年中共經濟工作會議變為互揭內部黑暗的大會，地方政府也敢於猛揭中央的黑幕，就可以看出端倪。

2012 年年底召開的這個會，據報導說，地方諸侯和中央部委都把經濟和金融問題的矛頭指向中央。與此同時，地方政府和中央部委之間也互相對罵、互相揭短，透露黑幕。向中央決策者提

出的工作建議，據說有接近一千條之多；而諸侯發難之時，28省市要求中央一次性註銷4兆多欠債，等於地方政府向中央攤牌。也就是說，中央不給地方註銷4兆，地方政府就可能威脅破產，讓中央財政吃不了也得兜著走。

內訌的高潮，當推地方政府要求中央一次調撥「十年規劃」的資金。諸侯們提出，要中央從稅收、外匯儲備中按各地區經濟規模、人口、經濟基礎做出統籌決策，一次調撥「十年規劃」的資金，充實到各地的銀行去。看來中共3.5兆美元的外匯儲備，覬覦的人還不少。溫家寶當年對此已經拒絕，說不能一筆勾銷地方欠債，「欠債是要還的」。他也不準備調撥資金來填補地方銀行的惡性壞帳。

諸侯挑戰中央集權

以前，中共的經濟會議開會確定GDP的數字，下面就開始糊弄、造假。上面開了綠燈，錢借進來了，就開始建房子。然後再拆房子，建了又拆，拆了又建，把GDP搞上去，皆大歡喜。但這個遊戲不能再玩了，出現惡果以後，就開始互相追究責任。

地方黨政負責人認為，天量債務是中央決策造成的，當年的借貸也是經集體討論決定的，經過國務院的審核批准。沒有借貸，工程就不能開工建設，GDP數字也製造不出來。這些非難，也不無道理。

這次的中央經濟工作會議上，據說甚至連2013年的GDP增長目標都沒有出籠，因為中央內部、中央各部門、以及各省（區）、直轄市之間，意見不能統一，中共這回看來又要「摸著石頭過河」

了。

地方各自提出的 GDP 增長數字非常不同，顯示諸侯的胃口和貪慾不同。廣東、福建、山東、內蒙、天津提出 GDP 增長10~15%，江蘇、浙江、上海提出增長 9~9.6%；山西、陝西、河南、河北提出增長 12~15%。諸省市都希望藉助「推進城鎮化」來實現經濟增長。發達省分從房地產泡沫中已經賺了很多，現在開始擔心產能過剩、通脹的泡沫了，所以數字定的較低；欠發達地區心有不甘，還想沿用發達地區的老辦法，準備搭上最後一班車大撈一筆，所以數字定的較高。但問題是，中共政權這整個一趟列車都已經出了軌，不同的車廂之間還在互相爭辯不已。

中央經濟工作會議突起內訌，其根源在於道德低下的中共權貴永遠不願放棄自身的既得利益。內訌的結局也預示著，中共威權統治已經無能為力，中央控制體系已在土崩瓦解之中。王朝的今天，真是越來越像晚清；各地諸侯躍躍欲試，紛紛挑戰中央集權。地方政府敢於這樣做，是看到了上層的軟肋，看到了對自己有利的苗頭，知道現在是爭權、爭利、爭地盤的最好時機。

以前夜讀清史，發現曾國藩也好、李鴻章也好，晚清四大名臣都是如此，雖然他們每個人都試圖力挽狂瀾、拯救破滅的山河，但無奈地方諸侯不買帳，也不顧全大局，只顧自己當貪官、發大財、賺大錢。所以，社稷的命運，不是幾個能臣所能挽回的；而中共政權的命運，更是沒人有回天之力。歷史的相似驚人，總讓人唏噓不已。

第六章
華爾街滅火和中國經濟崩盤

2010 年中國組織了六位經濟學家赴美，給華爾街銀行家「上課」。「人多力量大」雖然過時，但影響尚在。人海戰術居然用到學術和商業界了。其實，中國經濟學家給華爾街上課，如果說的有道理、有說服力，來一個專家就成，甚至半個專家也就夠了。來多了也不是不行，來兩個意見相同，也說得過去；三、四個持統一觀點，就難以理解。一下子來了六個，並且六人的觀點一致，就未免令人生疑。

學術界中，經濟學家各執一詞、意見相左，是家常便飯。中國經濟錯綜複雜，六個專家異口同聲，同唱一首歌，合著中南海的調子，怪不得美方在上完「課」之後，還是半信半疑。其實，坦誠的美國佬已告訴客人，中國學者如能坦率一些、真正指出問題所在，他們反而會「更放心一點」。中國學者異口同聲，在遮蓋什麼呢？何以恰恰在「中國經濟崩潰」的預測紛紛出現時，急於到華爾街滅火？

崩潰的種種說法

《新聞週刊》預測 2013 年十大事件，第二件就是中國經濟崩潰。《新聞週刊》預測中國股市和房市產生泡沫，最後導致崩潰。《富比士》2012 年 12 月也指出，中國經濟目前的狀況，和 20 年前日本股市和房地產市場崩潰的前夕沒什麼兩樣，兩者都以借貸和哄抬房地產價格引發的資產泡沫為特徵。

西北大學中國問題專家維克托‧施（Victor Shih）更是直截了當，說中國經濟實際上是個「龐氏騙局」，騙局由央行主導，一面印鈔票安撫，一面大肆斂財。

成功預測安隆（Enron）倒閉的查諾斯（James S. Chanos）也說，中國 2012 年的刺激政策導致產出供過於求，銀行壞帳風險升高，因而將導致中國經濟的崩潰。自信的查諾斯還放空中國水泥、煤炭、鋼鐵等相關公司的股票，希望從崩潰中獲利。如果查諾斯悄悄放空，也許真能賺一筆，但他放空後還很高調，讓中共丟了醜。熟悉中共的人，恐怕就不會押他的注了。

崩盤判斷的偏頗

西方判定中國經濟崩盤，有理性的分析，但缺乏對中共本質的認識。查諾斯從 2012 年夏天才開始研究中國經濟，這倒不是問題，後來居上者也有。但他把中國經濟和政治分開了，所以他的結論按正常社會的邏輯去推，可能非常正確，但用在中國市場，就會出偏。

查諾斯描述的「中國超額信貸規模之大，全球無出其右」，

的確是中國經濟出現麻煩的根源之一。但對付信貸擴張，紅朝運作自如。君不見幾年前那麼多銀行壞帳都被悄悄轉移？這次超額信貸的壞帳，規模當然更大，但中共重施故技，處理它應該不是問題。

判斷偏頗的原因，是不了解中共治下的運作，以為它跟正常社會一樣，貨幣發行過多，就會通貨膨脹；商品供給過多，價格就會下降；銀根略有放鬆，貸款必然增加等等。中國經濟如果按西方的模式去推，肯定是會崩盤的。

但哪天西方也許會驚奇的看到，中共又一次從崩潰中「緩」了過來，西方經濟理論又一次「失靈」。這是因為，只要中共存在一天，它就會拚死命去保持這個畸形的經濟不會「崩潰」，保證這個已經爛透了的蘋果衣著光鮮；中共會傾盡全部國力，繼續營造繁榮的假象，直到假象和騙局最後被完全揭開。

中國也會裝模作樣的運用一些西方經濟學的槓桿如「利率」、「銀根」、「準備金」等來調節。但這些自由資本主義的工具，在極權面前什麼也不是。假槓桿的運用，更具欺騙性，中南海一句話，就會令其變成一紙空文。經濟問題一旦涉及中共存亡這個根本，就會被棄之不理。

究竟怎樣崩盤

既然如此，中國經濟會因此而永不崩潰？當然不是。筆者要指出的是，中國經濟不會像一般人想像的那樣，按經濟規律崩潰。而且，中國經濟的崩盤，不只是經濟層面的事，它一定是伴隨著更大、更深刻的社會變革而來的。

在中國經濟一天天被權貴階層、太子黨集團、依附權貴的知識界附庸等日益掏空、反覆榨取之下，崩潰是必然的。但它會以一種出人意料、令世人瞠目結舌的方式展現，而不會以正常社會的經濟蕭條、衰退等方式體現。西方專家的預測，一定是會落空的。落空的原因很簡單，他們低估了中共為自己的利益，為自己的生存，會不惜魚死網破、破釜沉舟，把全中國社會、人民和經濟，都一起拉下水、拉入萬劫不復地步的「堅定決心」和「堅強意志」。對中共有著極其深刻認識的人們，才會認識到這一點。

當然，有些西方人還是明白的，或至少在明白之中，法國人最近就說到了點子上。法國時事評論雜誌《瑪麗安》發表政治學者瓦萊麗‧尼凱的文章〈中國的最大敵人就是中共〉，文章點到了中共是中國的絆腳石。

一位網友留言說，「中國經濟如果不崩潰的話，就沒有天理了。」這話說對了，因為違背了天理，中國人才有如此深重的苦難；而天理不昭，問題就不會解決。天理昭昭之日，崩潰的就不只是中國經濟，導致崩潰的源頭－－中共本身，會率先崩潰。

第七章

中共政權崩潰會從錢上開始

曾幾何時，當中國政府猶豫再三，終於推出自毀長城的地方債，為各級政府集資之際。中國人民卻開始了另外一場「民間非法集資」──自發購買「艾債」，這是中國民眾聲援被政府打壓的艾未未的自發籌款活動。這是件蠻有趣味的事情。看來，中國人已經開始學會投票了。真正的選票拿不到，用鈔票「投票」，那也不錯。用鈔票當選票來投票，真正體現了「各盡所能」、「按需分配」的原則。也更具資本主義特色，很像股份公司裡按股份投票的公正方式。

用鈔票「投票」的深意

中國人民用鈔票「投票」，還不僅僅是今天的現象。「真相紙幣」幾年前就已在中國大陸流通了。真相紙幣上寫著的句子，如宣傳九評，呼籲三退，是民眾借用錢來發聲、呼籲，對當局投下的最明確、最具震撼性的不信任票。

爭當「艾債主」活動收到的捐款達 828 萬人民幣時，匯款人

數超過 2 萬 7 千人，人均 300 元人民幣。大陸人結婚時湊份子、送紅包，好像平均也在 3、5 百元。人均捐款 300 元人民幣，一般人都負擔得起。但這個平均數之小和捐款人數之大，給當局發送的是更嚴厲的訊號。因為這意味著不是幾個大戶、有錢的「反華分子」在反對中共，而是最底層的民眾都動起來了。上萬人填匯款單，數百人來到草場地，人們在當局的攝像頭下砸門。「艾債」活動的現實意義和對社會的影響，很快就能展現。

艾未未工作室籌集捐款繳納巨額稅款、滯納金和罰金，1,522 萬元人民幣的目標不難辦到。但當北京稅務局的人接到艾未未 1,522 萬元的罰金時，可以想見，他們不會有成功後的喜悅。而是像接過了燙手山芋，心中會忐忑不安。因為這錢恐怕會成為未引爆的炸彈，隨時把自己吞沒。

中共政權的崩潰，對幾乎所有人來說，早已不是可能和不可能的問題了；連崩潰的時間，都幾乎看得見、摸得著。需要自保的人們最關心的，是崩潰的方式，從社會哪個領域開始，是政治、經濟，還是從人文、道德上打開缺口。我們是可以見證歷史的，仔細觀察中國社會現狀，自然的結論是，中共垮臺最有可能的肇始和突破口，就在錢上。

圍繞錢的麻煩

中國央行承認，增發了 43 兆元人民幣，相當於每人發了 3 萬。中國經濟學者說，中國過去 30 年間是以超量的貨幣供給，推動了經濟發展。這是什麼意思呢？是說中國社會其實沒有生產出來那麼多商品，沒創造出那麼多財富，官方的 GDP 也好、收入數字也

好，都是假的。而支撐虛假繁榮的背後，是通貨膨脹的脫韁。

　　超發的貨幣怎麼「還」呢？像巴菲特之類願意捐款給聯邦政府的人除外，其他人一定會看到經濟的硬著陸，貨幣體系的失效，通貨膨脹失控，從而導致的經濟和社會的全面崩潰。在錢推動下的崩潰。

　　中共還會栽倒在錢上的另外一個原因，是自己的私房錢都存在國外。對瑞士、歐美的銀行來說，中共最高權貴幾萬家族的存款，像魚缸裡的魚，對政府監管系統來說，更是透明的。網友說，雖然美國高端武器領先中共至少 10 年，但更致命的武器，則是美國政府掌握的、中共大小貪官及其家屬在西方的貪汙資產。

　　紅朝撈錢之狠、之不擇手段，還可從最近中國銀行披露的訊息中體現出來。銀監會前主席說，10 兆人民幣的地方債中，8 成來自銀行貸款。而銀監會幾年前進行銀行房地產壓力測試時發現，即使中國房價下跌 40%，銀行貸款覆蓋率仍能達到 110%！房價下跌 50%，覆蓋仍能達到 100%。那時，雖然貸款利息收不回來，本金還是能保障的。

　　這幾句看似平常、對銀行多有褒獎的話，揭示了當局牟取暴利的驚天手段。怪不得中國房價直逼歐美，收入只有歐美民眾一成的民眾會痛苦不堪。房價跌一半，銀行仍能 100% 的不虧，那房價沒跌時，他們賺了多少呢？！太驚人了。蒼天有眼，對這樣攫取暴利的政權，房價降一半會便宜他們，降七、八成才會使之措手不及。房價降二成時，人們砸售樓部。降八成時，會砸更重要的目標。

政權崩潰從錢開始

研究機構預測，中國政治、經濟、社會的模式，統統是不可持續的。中國的地方債、中央債、外儲，都是跟錢有關的問題。土共以暴力搶錢、撈錢，也暴力護錢。它自始至終，似乎都圍繞著錢轉。但越是這樣，它最可能栽倒的地方，還是會在錢上。房市破滅，是經濟陷入危機的導火線。

落入塵埃的赤龍 -- 中共會怎樣栽在錢上呢？當年起家時打土豪、分田地，掠奪財富，一切為了錢。如果按當年的道理，今天人們應該有理由去打黨委書記、分田地。有人說，那都是過去了，共產黨現在不那樣了。但話不能這麼說，如果你的統治是建立在那樣的基礎之上，你就得允許別人按你當年同樣的方式去分你的財產，這才公平。

中共當年接受蘇聯祕密援助，建立分裂中國的蘇維埃共和國，就是從錢開始、用錢堆積的。從公私合營、合作社、高級社，到人民公社的土地分配，也是錢的問題。改革開放，更是明目張膽的撈錢。人們描述「以革命的名義殺人，以改革的名義撈錢，以穩定的名義滅口」，以及鎮壓法輪功動用四分之一的國庫，都是以錢開路維持的。

「拆借利率飆升」、「錢荒」、「流動性短缺」、「資金鏈斷裂」、「銀根緊縮」一類詞，現在人們經常見到。究竟怎麼回事呢？這政府它自己可以印鈔，別人管不了，它怎麼會短缺、斷裂呢？他們印錢時，新錢的分配不是均等的，99% 的人分不到。但物價上漲的後果同樣承擔。局面失控，發出的錢回籠不了怎麼

辦呢？沒有制約的中共，一定會繼續大量印鈔，把通貨膨脹帶入物價飛漲。地方債券的出籠和地方政府債務的驚人膨脹，在允許地方政府公開、大肆舉債時，更是將地方的隱性債務公開化、社會化、市場化，成為人們新的負擔。

　　為什麼赤龍中共會栽在錢上？這不難理解。覺者說錢乃德所化之，有德之人有錢，財為德者所居。無德之人，失德、喪德者，德喪失殆盡時，錢財自然離去。赤龍中共搶來的錢待不久；沒有錢，鎮壓、維穩撐不住時，大廈轟然傾覆，也是自然而然。

後記

　　《赤龍的錢囊》得以面世，得到了筆者在中國和美國的家屬和親人，以及世界各地許多國家朋友們熱情的支持和鼓勵。家人的關愛如慈母的忠告、兄弟的提示和女兒的詼諧，都讓筆者更珍惜人間的善緣；惟願人更長久、千里共嬋娟。筆者僅再次對過去十幾年間所有提出批評、建議和告誡的人們表示由衷的謝意。

　　《新紀元》雜誌創立時，蒙總編輯臧山先生厚愛，囑託撰寫雜誌的《商管智慧》專欄。

　　修煉中之人，本不敢輕言智慧，但重託之下，惟有盡心竭力，筆耕真相，一晃七載有餘；加上原來為《大紀元時報》撰寫的文章，十年間不覺已累計了五百多篇。《赤龍的錢囊》所收集的，是其中關於中國經濟真相的部分；其餘發表在《新紀元》雜誌，探討商之真道的文章，將另外集結成書。

　　感謝台灣博大出版社將《商管智慧》專欄的文章整理出版，編輯字字斟酌，精心修改，幫助克服了許多大陸和台灣不同習慣下詞句運用的障礙。感謝台灣中華經濟研究院的吳惠林教授，作為前輩學長，給予了許多專業和立意上高屋建瓴的指導。此外，加拿大的

劉雪梅女士、澳大利亞的劉霞女士、德國的唐音女士、日本的蕭雲女士、加拿大的俞珊女士、印尼的易如女士和美國的馬誼真女士，還有許多華人媒體的記者和編輯等，都給予了不同方面的指導和協助，恕不一一列出。

　　身處亂象叢生的末世，有幸能夠與這麼多善良的家人，和志同道合的同修、同仁、同事、及同儕同行，共同經歷這段難忘的時光，深感三生有幸。

謝田（澤霖）

聖 - 艾弗斯鄉村俱樂部·慈悲湖畔
美國·喬治亞州·約翰溪市

Frank Tian Xie
Mercy Lake, St. Ives Country Club
Johns Creek, Georgia, U.S.A.

赤龍的錢囊
—謝田看中國經濟

作　　　者：謝田（Frank Tian Xie, Ph.D.）

編　　　輯：厲建芬、黃蘭亭

編　　　審：吳惠林

美 術 編 輯：曹秀蓉

出　　　版：博大國際文化有限公司

電　　　話：886-2-2769-0599

網　　　址：http://www.broadpressinc.com

台灣經銷商：采舍國際通路

地　　　址：新北市中和區中山路2段366巷10號3樓

電　　　話：886-2-82458786

傳　　　真：886-2-82458718

華文網網路書店：http://www.book4u.com.tw

新絲路網路書店：http://www.silkbook.com

美 國 發 行：博大書局（www.broadbook.com）

Address: 143-04 38th AVE. Flushing, NY 11354 USA

Telephone: 1-888-268-2698, 718-886-7080

Email: order@broadbook.com

規　　　格：14.8cm x 21cm

國 際 書 號：ISBN 978-986-88976-3-2（平裝）

出 版 日 期：2013年11月

出　　　版：博大國際文化有限公司

劃 撥 帳 號：19925899

電　　　話：02-2769-0599

定　　　價：新台幣220元

網　　　址：http://www.broadpressinc.com

金石堂・誠品書店・博客來網路書店